Enrico Nadrag

Runen Wege

Vom Raunen der Runen
bis zur Alltags-Magie

KI Verlag Esoterik

1. Auflage 2002
Verlag KI-Esoterik Geiger & Mirtitsch OEG
A-9500 Villach, Postgasse 8
Umschlag und Grafik: Klaus Mirtitsch
Druck & Bindung: Kreiner Druck
Gedruckt in Österreich

ISBN: 3-902193-01-8

Inhaltsverzeichnis

Vorwort

In den letzten Jahren hat das Interesse an diesen mystischen Schriftzeichen, den Runen, wieder stark zugenommen. Vielfach stellt sich dem Interessierten die Frage, für welche Informationsquelle er sich wohl entscheiden soll, denn selbst in den kleinsten Esoterikläden oder Buchhandlungen gibt es schon drei oder vier Runenbücher zur Auswahl. Besonders zwei Autoren sind in aller Munde und offenbar auch die Grundlage für mehr als die Hälfte der am Markt befindlichen Bücher. Etwas weiter fortgeschrittene Sucher stoßen dann recht bald auf Fragen, die sich auf Unterschiede in Runennamen, -formen und -deutungen beziehen. Viele finden in dieser Richtung keine Antworten und sind verunsichert. Einige hören genau aus diesem Grunde auf, mit den Runen zu arbeiten. Das ist einer der Gründe, die zu diesem Buch geführt haben. Die meisten Quellen enthalten oft seitenlange Deutungen der einzelnen Runen. Das hilft keinem Anwender, denn Runen sind etwas Persönliches, und die Prägung einer fremden Persönlichkeit einzulernen, geht auf jeden Fall schief. Selbst die exakteste Beschreibung einer Rune wird hundertprozentig nur auf jenen Menschen zutreffen, der die Beschreibung verfasst hat. Es ist vergleichbar mit Gefühlen. Jeder weiß, was Liebe ist, aber niemand weiß genau, ob ein zweiter Mensch dasselbe Gefühl gleich empfindet.

Deshalb ist es wichtig, sich selbst ein Bild jeder Rune zu machen. Dieses Buch kann dafür nur eine Hilfestellung sein.

Bei vielen anderen Runenquellen entdeckte ich den Versuch, das Thema mit wissenschaftlichen Termen anzufassen und zu beschreiben. Den Runen werden neben Buchstaben- und Zahlenbedeutungen noch weitere Symbolentsprechungen, Planetenkonstellationen, Farben und so weiter zugeordnet.

Es werden Rituale und Anwendungsbeispiele beschrieben, die mehr einer Mathematik- oder Geometrieschularbeit gleichen als einem Orakel oder einer magischen Tätigkeit. Selbst wenn viele dieser Beschreibungen richtig und stimmig sind, entsteht manchmal der Eindruck, sie erfüllen eher einen Selbstzweck oder dienen zum Füllen von Seiten, ohne mit Runen etwas zu tun zu haben. Dem Leser werden Kochrezepte präsentiert, die teilweise einiges an auswendig gelerntem Material voraussetzen, ohne ihm die Hintergründe zu erklären. Ich vertrete die Ansicht, dass, wenn jemand weiß, wie etwas funktioniert, er nicht mehr auf Kochrezepte angewiesen ist, sondern dass es für ihn logisch ist, wie ein gewünschter Effekt zu erzielen ist.

In diesem Buch will ich auch nicht mehr als notwendig auf die nordische Mythologie eingehen, denn dafür gibt es weit spezialisiertere Werke. Dieses Buch soll das Verständnis für die Runen erleichtern und die magische Arbeit damit beschreiben.

Ein Wort der Warnung: Vom Küchenmesser bis zur Atomkraft kann alles auf dieser Welt für viele Zwecke eingesetzt werden. Was damit bewirkt wird, hängt immer vom Anwender ab. Es gibt in diesem Sinn keine gute oder böse Technologie! So ist es auch mit magischen Techniken. Das Wissen in diesem Buch sollte nicht dafür verwendet werden, andere Menschen negativ zu beeinflussen. Den freien Willen anderer Personen durch Runenanwendungen zu missachten, wird sich eines Tages gegen den Urheber selbst wenden. In der esoterischen und magischen Arbeit reagiert das Gesetz des Karmas erfahrungsgemäß sehr rasch. So wird jeder Nachteil, den eine andere Person durch Magie erlitten hat, mit derselben Stärke plus der Stärke der betroffenen Person im absolut ungünstigsten Moment auf den Urheber zurück treffen. Sollte ein Leser nicht reinen Herzens sein, um die hier beschriebenen Kräfte nur im Positiven zu verwenden, so soll er sich zumindest über das Gesetz des Karmas bewusst sein, um zu wissen, woher sein Schicksal kommt.

Einstimmung

Genauso wie jetzt und hier brannte vor etwa 1000 Jahren ein Feuer und erhellte mir die Dunkelheit der Nacht. Wohlige Wärme spendete es mir, wie ich so vor ihm saß und mit einem knorrigen Stab in ihm herum stocherte. Damals gab es hier in der Gegend noch Wölfe und so hatte das Feuer noch den zusätzlichen Nutzen des Schutzes. Die tanzenden Flammen erweckten die ganze Umgebung zum Leben. Alles schien zu tanzen und sich zu bewegen. Selbst wenn man ins Feuer hinein schaute, konnten die vielen kleinen Feuergeister bei ihrer Arbeit der Umwandlung beobachtet werden. Mit einem tiefen Atemzug riss ich mich von meiner Beobachtung der kleinen Salamander los und betrachtete den Himmel. Mittlerweile stand der Mond in der Mitte seiner nächtlichen Bahn und so beschloss ich, dass es Zeit war, den Ruf zu beginnen. Lange hatte ich mich darauf vorbereitet und auf dieses Ereignis hin gearbeitet. Heute Nacht würde sich hier das Tor über die Zeitalter hinweg öffnen und wir würden das alte Wissen der Runen über das folgende dunkle Zeitalter des Vergessens hinweg weiter reichen an unsere Nachfolger. Mögen sie still genug sein, unseren Ruf zu vernehmen, denn wenn er ankommen wird, ist er leise, sehr leise und tief in jedem Einzelnen verborgen. Vierundzwanzig sind wir, die diesen Ruf vollziehen, ausgewählt durch den Rat der 10 jener Wesen, die nicht mehr unter uns auf der Erde wandern, sondern bereits aufrecht durch den Kosmos schreiten. Keiner der 24 kennt den anderen und so wird jeder Ruf einzigartig und doch ist es erst die Summe von uns allen, die sein Gelingen sichert. Doch nicht nur wir senden diesen Ruf, sondern auch die Schattenseite wird, wenn die Sonne morgen ihren höchsten Stand erreicht hat, ihren Ruf vollziehen. Ein erstaunliches Ereignis. Licht und Schatten vollziehen das gleiche Zeremoniell und

arbeiten nach so langer Zeit der Zwietracht gemeinsam an einem großen Ziel. Wer weiß, vielleicht ist das der Beginn der Erkenntnis, dass beide Seiten erst gemeinsam ein Ganzes ergeben. Denn wer die eine Seite vergisst, erkennt die andere nicht mehr und so entsteht der Schleier des Vergessens.

Die Finger meiner Hand streichen über meinen Stab, der neben mir liegt. So oft habe ich jede einzelne Rune in das Holz gesungen und geschrieben, dass meine Finger und mein Geist bereits jede einzelne erkennen können. Jede von ihnen ist einzigartig und wunderschön in ihrer Kraft, einige heiß, einige kalt, einige leicht und andere wieder schwer. Und doch haben alle etwas gemeinsam: Einen Kern oder einen Ursprung, tief in ihrer Summe verborgen. Die Saat des Seins, die Schöpfung selbst.

Meine Hand hat ihr Ziel erreicht und streicht über das weiche Leder des Beutels, der an den Stab geschnürt ist. Er fühlt sich warm und vibrierend an. Wie so viele tausend Mal löse ich den Beutel vom Stab. Durch die so oft wiederholte Tätigkeit brauche ich mich nicht mehr einzustimmen, um würdig zu sein, diesen Beutel zu berühren. Meine menschliche Persönlichkeit mit all ihren Schwächen, Sorgen und Zweifeln tritt in den Hintergrund. Ich spüre, wie sich diese unbeschreibliche Macht der Liebe in mir ausbreitet. Mein Bewusstsein beginnt sich auszudehnen – scheinbar bis über den Rand der Welt – und berührt das Reich der Götter. Das ganze Wissen und all die Erfahrung der Runenmeister vor mir erfüllt mich und schiebt den letzten Rest meiner menschlichen Gedankenwelt in den Hintergrund.

Ohne Zögern, unter vollkommener innerer Stille beginnt mein Eröffnungsritus. Beinahe wie von selbst öffnet sich der lederne Beutel und in meine Hand gleitet die erste der Runen. F E H U raunt mein ganzer Körper und dröhnt in meiner inneren Stille wie von tausend Stimmen gesungen. So gleitet sie weiter auf ihren Platz am Boden und bildet den ersten Punkt des Runen-Kreises. Augenblicklich, als Fehu

die Erde berührt, antwortet Gaia, unsere große Mutter, und stimmt in das Raunen ein. Wie Wellen in einem ruhigen Gewässer breitet sich Fehu mit ihrer Kraft in alle Richtungen aus, um sich zu entfalten und ihre Arbeit zu tun. Weiter geht es mit der nächsten und nächsten, bis alle Runen ihren Platz haben und sich ihr Kreis mit unheimlicher Stille schließt. Der Kreis als Vereinigung der gesamten Schöpfung steht nun vor mir. Weder Raum noch Zeit existieren in ihm, weder Licht noch Schatten sind ihm bekannt. Absolute Vollkommenheit und Göttlichkeit ist in ihm. Mein ganzes Sein hält inne, um in Staunen und kindlicher Freude der Verbundenheit den eigenen Ursprung zu erblicken. Doch wie immer lässt mein geschultes magisches Bewusstsein keinerlei Schwärmerei und keinerlei glückselige Berauschung zu, sondern treibt mich zurück in die Stille, welche ich benötige, um lebend diesen Kreis zu betreten. Da ist er schon der Sog, der mich umfängt, wenn der richtige Geisteszustand sich einstellt, um eins zu werden mit den Göttern durch das Betreten des Zentrums dieses Kreises.

Ein Jahrzehnt benötigte ich, um mich in dieser heiligen Technik zu schulen und mit diesem Ritual in die geheime Welt hinter dem Schleier einzutauchen. Mein ganzer Körper wird von einem warmen Prickeln durchflutet, als er die Grenze des Kreises passiert.

Den Stab in meiner Linken und die Rechte in den Himmel gerichtet stehe ich da und verschmelze mit dem Sein.

Da ist es, das Tor über die Zeitalter. Direkt vor mir ein bläulich violett leuchtender Wirbel, der sich spiralartig in sein Zentrum dreht. Wie ein Nordlicht erhellt er die Gegend mit einem geheimnisvollen Licht. Ohne Ende scheint sein Mittelpunkt zu sein. Wahrlich ein überwältigender Anblick, wie die großen Wesen des Rates der 10 berichtet und gewarnt haben. Verständlich, dass Sterbliche in dieser Schönheit versinken und ihr Bewusstsein in der Unendlichkeit verlieren. Durch die Erhabenheit des Kreiszeremonielles stehen jetzt alle 24 von uns jenseits der sterblichen Welt und können weiter in Freiheit handeln.

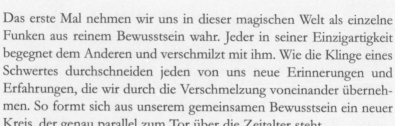

Das erste Mal nehmen wir uns in dieser magischen Welt als einzelne Funken aus reinem Bewusstsein wahr. Jeder in seiner Einzigartigkeit begegnet dem Anderen und verschmilzt mit ihm. Wie die Klinge eines Schwertes durchschneiden jeden von uns neue Erinnerungen und Erfahrungen, die wir durch die Verschmelzung voneinander übernehmen. So formt sich aus unserem gemeinsamen Bewusstsein ein neuer Kreis, der genau parallel zum Tor über die Zeitalter steht.

So verschmolzen beginnen wir unseren Ruf in der gleichen Art wie zuvor den Kreis mit Fehu. Unsere Körper bilden die Stellung, unser Geist raunt sie dazu und unsere Gefühle legen all ihre Erfahrung und ihre gespeicherte Weisheit hinein. Langsam, im gleichmäßigen Rhythmus unseres Atems, gleiten wir so von Rune zu Rune, um am Ende wieder von vorne zu beginnen. Mit jedem Mal wird es schneller. Unsere Körper fließen von Rune zu Rune wie in einem weichen, schnellen Tanz. Der Atem mit dem Raunen ergibt ein unwahrscheinliches Klangfeld, welches durch die Kraft unserer Gefühle in allen Farben zu leuchten beginnt.

Wie ein farbenfroher Funkenregen wird dieses Kraftfeld vom Tor angesogen. Immer mehr und mehr bis sich bereits schillernde bunte Spiralarme in ihm zeigen, welche Richtung Mittelpunkt streben.

Schneller und schneller wird unser Treiben und so verstärkt sich auch der Funkenflug bis zu seinem Höhepunkt. Wie ein mächtiger Wasserstrahl löst sich unter uns von Gaia die gleiche Kraft und all ihre Erfahrung und ihre Weisheit der Runen schießt durch unseren Bewusstseinskreis und unser Runen-Kraftfeld in das Tor. Dieser mächtige Strahl reisst unser Kraftfeld mit sich und zurück bleibt ein stiller leerer Kreis aus Bewusstsein. Unser vereintes Bewusstsein beginnt sich voneinander zu lösen und kehrt zur Individualität zurück. Doch die Erfahrungen und Erinnerungen an das Leben jedes Einzelnen der 24 bleibt weiter in ihm verankert.

Müde aber sehr erfüllt verlasse ich den Kreis der Runen und kehre in

meine Menschlichkeit zurück. Auch meine Gedankenwelt wird wieder vom Lärm der menschlichen Natur erfüllt und wirkt nach der Stille unnatürlich laut. Fragen und Sorgen stellen sich mir entgegen.

"Ist alles gut gegangen? Werden sie es in der Zukunft hören? Sind sie bereit für diese Aufgabe?"

So viele Zweifel existieren in uns Menschen, obwohl ich weiß, dass der Rat der 10 über das Ganze gewacht hat und mit Sicherheit eingegriffen hätte, wenn etwas nicht nach Plan gelaufen wäre. Ich muss wirklich schmunzeln über meine eigene Menschlichkeit, die doch schon so viel erlebt und gesehen hat und noch immer nicht das Vertrauen in sich trägt, dass der Rat der 10 über uns wacht.

Gemächlich beginne ich die Runen einzusammeln. Jede von ihnen lasse ich gemeinsam mit meiner Dankbarkeit in den Lederbeutel gleiten. Gerade als ich den Lederbeutel wieder an meinem Stab befestige, gleiten die ersten Sonnenstrahlen des Morgens über die Landschaft. Alles wird in ein goldenes Licht gekleidet und ich atme tief die Kraft des neuen Tages in mich ein. Rund um mich beginnt die Natur mit ihrem morgendlichen Treiben. Insekten beginnen noch träge mit ihrem Tagesgeschäft. Überall ist der Gesang der Vögel zu hören, welcher den neuen Tag verkündet. Langsam öffnen sich die ersten Knospen der spärlichen Blumen in dieser Höhe. Und doch ist etwas anders als sonst. Wie eine stiller Dank, der sich rundherum erhebt und alles erfüllt. Auch in mir verspüre ich das Bedürfnis, einfach "Danke" zu sagen für alles, was ist.

Klaus Mirtitsch im Jahre 2002

Was sind die Runen?

Eine Rune ist ein Symbol für eine bestimmte energetische Struktur, die in bestimmten Situationen oder bei bestimmten Anlässen vorherrscht. Zum Vergleich kann man sich in Erinnerung rufen, wie Menschen ihr Verhalten ändern, wenn sie glauben, dass sie gefilmt werden. Das Symbol "Kamera" löst sofort erkennbare Verhaltensänderungen aus. Obwohl die Menschen dieselben bleiben und nach wie vor über ihren freien Willen verfügen.

Auf vergleichbare Weise wirken Runen auf Situationen und Zustände. Wenn eine Rune benutzt wird, so begünstigt sie, dass eine entsprechende Situation eintritt oder ein entsprechender Zustand erreicht wird. Umgekehrt begünstigt eine Situation die Erscheinung der ihr entsprechenden Rune. Zum Beispiel bei der Anwendung im Orakel. Dies entspricht auch dem hermetischen Gesetz der Resonanz, welches in einfachen Worten mit "Gleich und Gleich gesellt sich gern" oder "Gleiches zieht Gleiches an" erklärt wird. Einfach ausgedrückt ist eine Rune also ein Filter für oder gegen eine bestimmte energetische Struktur. Da es sich bei den Runen um kosmische Schlüssel handelt, sind sie auch eine Art von Energieleitung zwischen feinstofflicher und grobstofflicher Welt. Aus dieser Verbindung beziehen sie ihre notwendige Kraft, um diese Filterwirkung auch aktiv ausstrahlen zu können.

Runen bestehen immer aus einem Set von zusammengehörenden Runen. Solch ein Set heißt Futhark, benannt nach den ersten sechs Buchstaben F U Th A R K.*

Heutzutage ist das Einsatzgebiet von Runen meist nur noch im oberflächlichen Bereich als Schmuckstück zur Verschlüsselung von Botschaften, zur Mystifizierung von Artefakten u. s. w. in Verwendung. Zu früheren Zeiten war den Anwendern ihre wirkliche Macht bekannt

---

* Von Ihnen kommt auch das Wort "Buchstabe", denn zu früheren Zeiten wurden die Runen in Buchenstäbe geritzt.

und es gab keinen Einsatz ohne gezielten Zweck. Wenn darauf geachtet wird, findet man sie häufig. Beginnt man aber nach ihnen zu fragen, kommen meist nur Antworten, die auf eine Religion oder ein altes Alphabet hindeuten. Laut Ansicht von vielen Sprachwissenschaftlern ist es nichts anderes als ein germanisches beziehungsweise nordisches Alphabet, welches nach den ältesten, definitiven Funden auf ca. 50 v. Chr. datiert wird.*

Es spricht nichts dagegen, das Runenalphabet zum Schreiben zu benutzen. Richtig angewendet kann es sogar verschiedene Wirkungen entfalten, obwohl "nur" als Schrift verwendet. Sogar wenn Runen nur zur Verzierung benutzt werden, kommt es immer wieder zu Wirkungen.

Die Unterschiede der Runen

Früher oder später kommt jeder Runenanwender zu der Frage, wie es zu den unterschiedlichen Schreibweisen der einzelnen Runen kommt. Hagalaz ᚻ, ✱ und Ingwaz ◇, ✖ sind die populärsten Beispiele.

Wenn jede Rune mit einer energetischen Struktur korrespondiert, wie kann es dann sein, dass verschiedene Runenschreibweisen derselben Struktur zugeordnet sind.

Darauf gibt es mehrere Antworten:

> Es gibt diverse publizierte Runenformen, die schlichtweg falsch sind. Vielfach am Markt angebotene Runenliteratur ist zu großen Teilen ohne wirkliches Verständnis der Materie einfach abgeschrieben und mit ein paar persönlichen Ausschmückungen aus der Phantasie des Autors entstanden. Aber selbst diese "mutierten" Runenformen

* Obwohl Runen zu früheren Zeiten nur selten zum Schreiben verwendet wurden, da es sich in erster Linie um heilige Orakelzeichen handelte, wurden dennoch Inschriften mit verschiedenen, manchmal sogar wechselnden, Schreibrichtungen gefunden.

können teilweise noch entsprechend wirken. Einerseits liegt es in der Natur der Runen, dass sie nicht hundertprozentig exakt wiedergegeben werden müssen und andererseits an dem energetischen Muster, das ihnen durch alle Anwender derselben Schreibweise gegeben wird. Zweiteres hat allerdings mit der ursprünglichen Kraft einer Rune nichts mehr gemeinsam.

Runen mit runden Formen, wie auf manchen Fundstücken, können als Synonym einer Rune gesehen werden. Sie sind aber als Grundsatz nicht richtig und schon gar nicht als eigenes Futhark zu werten.* Es ist auch denkbar, dass die runden Formen absichtlich benutzt wurden, um abgeschwächte Wirkungen zu entfalten.

ᚼ ᚲ ᚠ

Verschiedene energetische Strukturen führen manchmal zu sehr ähnlichen Effekten. Das entspricht einfach der Tatsache, dass es für viele Probleme mehrere verschiedene Lösungen gibt.

Viele Runenformen sind bei genauerer Betrachtung nur Vereinfachungen oder Ausschmückungen der hier dargestellten Varianten. Es spielt hierbei keine Rolle, welche Form benutzt wird, da die "wahre" Grundlage der Rune immer noch darin steckt. Das betrifft an erster Stelle Runenformen aus dem neueren Futhark und andere jüngere Systeme.

* Beim Ritzen von Runen in Stein war es einfacher, runde Formen zu erzeugen, als spitzwinkelige. In Holz oder Knochen konnten spitzwinkelige Formen verwendet werden, da die Materialien weicher sind. Oft handelte es sich dabei um einfache Beschriftungen, die hauptsächlich lesbar sein sollten.

16

Unter den "wahren" Runen ist es eigentlich nur eine Sache des persönlichen Geschmackes, welche Darstellungsweise man für sich wählt. Auch die Variationen funktionieren nach meiner Erfahrung im Allgemeinen gleich.

Die Herkunft der Runen

Woher kommen nun die Runen? Wissenschaftlich ist ihre Herkunft kaum belegbar und die unzähligen Theorien zeigen ebenfalls wenig Gemeinsamkeiten, außer dass sich keine beweisbare Entwicklungsgeschichte der Runen finden lässt. Irgendwann waren sie einfach da. Zwar mit minimalen Unterschieden in der Schreibweise je nach Fundort, aber dennoch ohne vorangegangene einfachere Zeichenformen. Aus dem älteren Futhark leiteten sich später die anderen Systeme ab, wie das neuere Futhark und das angelsächsische 33er System oder das 16er System. Aber ältere Runendarstellungen als die des 24teiligen älteren Futharks sind bisher noch nicht aufgetaucht.

Mythologisch betrachtet ist der Ursprung der Runen allerdings unbestritten. In den germanischen Heldenliedern der Edda wird beschrieben, wie Odin, von seinem eigenen Ger * verletzt, neun Tage lang am Baum Yggdrasil, dem Weltenbaum, hing. In einer Vision sollen ihm dort die Runen offenbart worden sein.

* Übersetzung: Ger = Wurfspeer

Der Weltenbaum

Der Baum, "Weltenesche" genannt, an dem Odin die Runen offenbart
wurden, ist einer der verbreitetsten Missverständnisse in der Runen-
mythologie. Es gibt Hinweise darauf, dass in der Originalfassung der
Edda die Weltenesche als "Barraskar" bezeichnet wurde, was soviel wie
"Nadelesche" bedeutet. Ein entsprechender Absatz im Lied Wöluspa
lautet in einer gängigen Übersetzung:

> Eine Esche weiß ich, heißt Yggdrasil,
> Den hohen Baum netzt weißer Nebel;
> Davon kommt der Tau, der in die Täler fällt.
> Immergrün steht er über Urds Brunnen.

Es handelt sich hierbei offenbar um einen Fehler in der Übersetzung,
denn es existiert keine Esche, die Nadeln trägt, und ebenso gibt es in
der Baumfamilie der Eschen keine immergrünen Arten, da es Laub-
bäume sind. Wahrscheinlich war damit auch ein vollkommen anderer
Baum gemeint, nämlich die Eibe. Die Taxus Baccata (Eibe, weitausla-
dender Baumwuchs) ist einerseits ein immergrüner Baum und andererseits werden ihr im Gegensatz zur Esche von vielen im altertüm-
lichen Norden verbreiteten Naturreligionen besondere und mystische
Bedeutungen zugesprochen.
Für die keltischen Druiden beispielsweise war die Eibe ein vor Flüchen
geschützter Ort ("vor Eiben kann kein Zauber bleiben"). Ebenso
wurde die Eibe zur Anregung von Visionen geschätzt, was wohl daran
liegt, dass die Ausdünstungen des Baumes winzige Mengen eines
Toxins beinhalten.

Auch wenn in der Edda vom "alten Baum" die Rede ist, spricht das für diese These. Die Eibe kann von allen Bäumen das höchste Alter – nämlich mehrere tausend Jahre – erreichen. Auch der Rune Eihwaz ᛇ wird überall sowohl das Assoziationsbild "Der Weltenbaum / Die Mittelachse" als auch "Die Eibe" zugewiesen. Aus all diesen Gründen bin auch ich der Meinung, dass es sich beim Weltenbaum Yggdrasil nicht um eine Esche, sondern um eine Eibe handelt.

Die Grundform der Runen

Überlieferungen sagen, dass es eine Form gibt, die alle Runen beinhaltet. Diese Figur aus neun Stäben – entsprechend den neun Welten des Weltenbaumes – ist Gegenstand von vielen Theorien und Überlegungen. Viele Runenforscher haben damit bereits experimentiert, dennoch ist bisher niemandem eine schlüssige, beweisbare Erklärung gelungen. Vielfach wird zum Beispiel die Sternform der Hagalaz ✳ mit verbundenen Eckpunkten als Grundform für die Runen propagiert. Also ein Sechseck mit Verbindungen der gegenüberliegenden Eckpunkte.

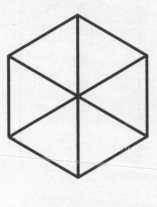

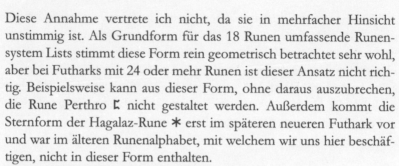

Diese Annahme vertrete ich nicht, da sie in mehrfacher Hinsicht unstimmig ist. Als Grundform für das 18 Runen umfassende Runensystem Lists stimmt diese Form rein geometrisch betrachtet sehr wohl, aber bei Futharks mit 24 oder mehr Runen ist dieser Ansatz nicht richtig. Beispielsweise kann aus dieser Form, ohne daraus auszubrechen, die Rune Perthro ᛈ nicht gestaltet werden. Außerdem kommt die Sternform der Hagalaz-Rune ✳ erst im späteren neueren Futhark vor und war im älteren Runenalphabet, mit welchem wir uns hier beschäftigen, nicht in dieser Form enthalten.

Die zweite oft beschriebene Grundform ist ein mit 4 Dreiecken erweitertes Sechseck. Diese an ein Rechteck angelehnte Form wird manchmal als Baum des Lebens bezeichnet, was allerdings schwierig nachzuvollziehen ist und mit dem bekannten (kabbalistischen) Baum des Lebens keinerlei Gemeinsamkeiten aufweist. Trotzdem erfüllt diese geometrische Figur beinahe die Anforderung, alle Runenformen zu beinhalten, aber eben nur beinahe.

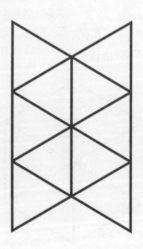

Ich vertrete daher eine andere Grundform, eine Mischung aus beiden Formen. Legt man nämlich das Sechseck mit "ausgeklappten" Ecken, so erhält man ein Hexagramm, einen Sechsstern, der sowohl die sechseckige als auch die rechteckige Struktur enthält. Diese Grundform aus neun Stäben (Strichen) kann tatsächlich alle Runen darstellen und ergibt immer stimmige Formen der Runen.

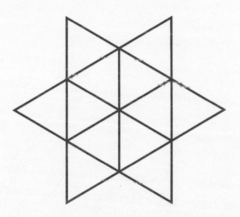

Diese Grundform kann auch auf die meisten anderen Futharks (inklusive dem 33er) angewendet werden. Es lässt grundsätzlich "falsche Runenformen" nicht zu und zeigt auf beeindruckende Weise, dass einzelne vereinfachte oder verkomplizierte Runenformen nach wie vor der Regel entsprechen und dadurch gleich verwendet werden können. Der Runenstern selbst ist durch die Kombination von zwei Dreiecken und einem Stern mythologisch und energetisch stimmig.

Die drei Nornen, die das Rad des Lebens drehen, sind die mythologische Grundlage dieser Form, die ich deshalb auch das "Rad des Lebens" oder "Runenstern" nenne.

Ein Dreieck nach links – Urd, die Vergangenheit,
Ein Stern – Verdandi, die Gegenwart,
Ein Dreieck nach rechts – Skuld, die Zukunft.

Die energetische Stimmigkeit dieser Form zeigt sich deutlich darin, dass der Runenstern der Blume des Lebens, genauer gesagt der Saat des Lebens, dem kosmischen Bauplan, entspricht. Dieser Umstand macht auch deutlich, dass die Runen kosmische Schlüssel sind, deren Form auf universalen Gesetzen beruht.*

* Die Blume des Lebens
  Band 1 & 2 Verlag KOHA

Wie viele Runen gibt es?

Auch dies ist eine Frage, die einer etwas längeren Erklärung bedarf. Bestimmt ist schon jedem, der sich mit der Thematik etwas intensiver auseinandersetzt, aufgefallen, dass ein Runenalphabet nicht immer gleich viele "Buchstaben", also Runen, enthält.

Die bekanntesten Futharks bestehen aus 18, 24, 25 oder 33 Runen. Es kommen allerdings dort und da auch Sets mit 16, 23, 26, 28 oder 32 Runen vor. Das sogenannte "ältere Futhark" besteht aus 24 Runen. Es entspricht den ältesten und häufigsten Hinweisen. Auf diesem habe ich auch dieses Buch aufgebaut.

Das 25er Futhark ist ein um eine Rune erweitertes "älteres Futhark". Diese 25. Rune wird manchmal als Wyrd, Schicksalsrune, Odinsrune oder Leerrune bezeichnet. Oftmals taucht als 25ste Rune auch die Rune Yr ᛦ auf, der ebenfalls teilweise unterschiedliche Bedeutungen zugesprochen werden. Prinzipiell könnte man durchaus mit einem 25er Futhark arbeiten, nur stellt sich bald heraus, dass die entsprechende letzte Rune keine besondere Aussagekraft besitzt oder nur eine Wiederholung von anderen Runen ist. Was allerdings schwerer wiegt, ist die Tatsache, dass der Zahl 25 im Vergleich zur 24 keinerlei Bedeutung in der germanischen Mystik zukommt und auch viele traditionelle Zuordnungen mit 25 Runen nicht klar funktionieren. Beispielsweise gab es 24 germanische Götter und die Runengesänge der Edda bestehen aus 24 Silben. Außerdem basiert das germanische Weltbild stark auf den drei Nornen der Vergangenheit, Gegenwart und Zukunft. Die Gliederung der Runen in drei Gruppen zu je acht Stück, den drei Aettir, ergibt ebenso 24 Stück.

Das 33er System aus dem Angelsächsischen wird des Öfteren "nur" zum mystischen Schreiben benutzt. Bei anderen Verwendungen stellt sich heraus, dass in den Deutungen viele Runen in mehrere Einzelrunen "verfeinert" wurden.

Zu erwähnen ist noch das 18er System von Guido List. Der Runenforscher reduzierte das Futhark auf 18 Runen bzw. erweiterte das 16er System um zwei Zeichen, entsprechend den 18 Strophen des Odinsliedes der Edda. Dieser Zusammenhang wird allerdings vielfach als Fehlinterpretation gewertet. Viele Benutzer des 18er Futharks schwören auf dieses System und lehnen alles andere ab.
Obwohl es vor List keinen stichhaltigen Hinweis auf ein System mit 18 Runen gab, sind die Deutungen und das System in sich sehr stimmig und somit durchaus ebenso brauchbar wie andere Systeme auch.

Die Reihenfolge der Runen

Die Reihenfolge der Runen im Futhark ist ebenso noch ein Streitpunkt unter vielen Runenanwendern. Die Variante, die ich im nächsten Kapitel "Beschreibung der einzelnen Runen" benutzt habe, entspricht der am weitesten verbreiteten. Bei jeder Rune, deren "wahre" Position in Frage steht, hab ich mich für jenen Platz entschieden, der mir am ehesten richtig erschien.

Manche Runenquellen vertraten die Ansicht, dass die letzten beiden Runen (Othala ᚬ und Dagaz ᛗ) ihren Platz in der Reihe zu tauschen haben, oder auch dass Eihwaz ᛁ und Perthro ᚲ gewechselt werden müssen. Es gibt auch Ansätze, die erste Rune zu entfernen und als letzte zu reihen. Bei Anhängern des angelsächsischen Futharks ist ohnehin alles etwas anders, denn die Rune Ansuz ᚠ erhält beispielsweise einen gänzlich anderen Platz und wird durch eine (ähnlich aussehende) Os ᚠ an deren Stelle ersetzt. Auch ist dort eine Rune Yr ᛉ zu finden, die aber nicht, wie oft beschrieben, der umgekehrten Algiz entspricht. Wie leicht ersichtlich ist, gibt es genügend Diskussionsstoff über das Thema der Reihenfolge der Runen oder der "natürlichen Reihenfolge", wie sie manchmal genannt wird.

Welche nun wirklich die wahre Reihenfolge ist, macht für alle in diesem Buch beschriebenen Anwendungen keinen Unterschied. In der magischen Praxis oder auch im Orakel handelt es sich bei den Runen um kosmische Schlüssel, die immer gleich funktionieren. Es ist egal, in welcher Reihenfolge sie aufgelegt werden, in welche Schreibrichtung sie geschrieben werden oder ob sie einfach auf einem Häufchen beieinander liegen.

Die drei Aettir

Eine bekannte traditionelle Einteilung der Runen sind die drei Aettir.*
Je acht Runen werden hierbei zu einer Gruppe zusammengefasst, die
den Einflussbereich einer germanischen Gottheit repräsentieren. Die
Summe der Bedeutungen der jeweiligen acht Runen ergeben die Essenz des entsprechenden Aetts.

Freyrs aett (ᚠ ᚢ ᚦ ᚨ ᚱ ᚲ ᚷ ᚹ)
Besitz, Familie, produktive Gemeinschaft

Hagals aett (ᚺ ᚾ ᛁ ᛃ ᛈ ᛇ ᛉ ᛊ)
Glaube, Schicksal, Vorsehung, Spiritualität

Tyrs aett (ᛏ ᛒ ᛖ ᛗ ᛚ ᛜ ᛞ ᛟ)
Zusammenhalt, Wachstum, Erreichen des
gemeinsamen Zieles

Diese aus der germanischen Mythologie stammende Gliederung kann
auf vielfache Weise interpretiert werden. Beispielsweise werden mit
den Bedeutungen der drei Aettir oft die drei Epochen der Menschheitsentstehung in Verbindung gebracht.

Der Mensch und die Seinen
Sein Glaube und seine Spiritualität
Seine Entwicklung, sein Ziel

* Einzahl: Aett
  Mehrzahl: Aettir

Hier sind auch die drei Nornen erkennbar, die in der germanischen Mythologie das Schicksal bestimmen.

Die Entstehung
Die mystische Erkenntnis
Die Transformation

Ein gänzlich anderer Ansatz, die Aufteilung der drei Aettir zu verstehen, ist die Tatsache, dass sie die drei grossen Gruppen von Menschen repräsentieren.

Die, die arbeiten (Der Handwerker)
Die, die beten (Der Priester)
Die, die kämpfen (Der Krieger)

Obwohl die drei Aettir eher mythologische Bedeutungen haben und somit in diesem Buch nur kurz erwähnt werden, soll der Anwender sich nicht davon abhalten lassen, mit ihnen zu arbeiten oder zu experimentieren. Besonders bei Orakelanwendungen könnte der zuletzt beschriebene Ansatz interessante Ergebnisse liefern, indem man die Gruppenzugehörigkeit der gezogenen Runen in die Deutung integriert.

Die Aussprache

Zu früheren Zeiten wurde natürlich nicht dieselbe Sprache gesprochen, wie sie heute üblich ist. Es gab unter den Runenanwendern selbst große Sprachunterschiede, weil die Runen recht weit verbreitet waren und im Laufe der Zeit von vielen verschiedenen Volksgruppen verwendet wurden. So lassen sich manche unterschiedliche Namen der Runen erklären. Oft wurde nicht nur das Deutungsbild in andere Sprachen oder Dialekte übersetzt, sondern der Runenname entsprechend seines magisch wirksamen Klanges verändert.

Soweit es zurückverfolgbar ist, wurden die Runen ähnlich ausgesprochen, wie es in der deutschen Sprache heute üblich ist. Die kleinen Unterschiede sind, dass das "Z" etwas weicher, oft wie ein "ß" gesprochen und das "th" wie im Englischen benutzt wurde. Es findet sich auch das "stumme H", das wie im Deutschen nicht ausgesprochen wird, beispielsweise in Raidho. Und noch feinere Unterschiede sind, dass damals das "E" eher wie heutzutage das "Ä" artikuliert wurde.

Trotz all dieser Unterschiede ist der Einsatz der Runen für einen deutschsprechenden Anwender erstaunlich natürlich. Und was magische Techniken angeht, wie beispielsweise das Raunen, so ist es schon wieder eine individuelle Angelegenheit, wo jeder für sich selbst herausfinden muss, ob sich zum Beispiel ein "Z" besser in ein "TS" verwandelt oder ein "TH" hart als "T-H" gesungen wird.

Beschreibung der Runen

Was wirst du finden befragst du die Runen,
Die hochheiligen,
welche Götter schufen,
Hohepriester schrieben?
Daß nichts besser sei als Schweigen.

-hávamál / Edda

ᚠehu (Fe, Feoh)

Buchstabe: F
Besitz von Vieh

Viehbesitz war ein Zeichen für Reichtum. Was heute der Besitz von Geld ist (bewegliche Güter), war früher der Besitz von Nutztieren. Es war schon damals so, dass der, der viel besaß, leicht zu noch mehr kam (Geld kommt zu Geld). Also ein Zuwachs an Reichtum.

Dem Besitzer bzw. dem Hüter von Tieren wurden auch magische Fähigkeiten zugesprochen, um das Vieh vor Gefahren zu schützen. Diese Fähigkeit verlangte allerdings, dass die jeweilige Person auch reich "im Inneren" ist, was mit Großzügigkeit, Freigiebigkeit und Opferbereitschaft erreicht werden kann. Das entspricht auch der Fähigkeit, sich zugunsten eines Ärmeren von einem Teil seines Reichtums zu lösen. Innerer und äußerer Reichtum und Vermehrung desselben, aber auch Freigiebigkeit und die Fähigkeit, nicht daran festzuhalten.

Stichworte:
Zuwachs an Reichtum, Macht (beweglicher Besitz), Besserung der eigenen Position durch Freigiebigkeit, innere Zufriedenheit, geistiger Reichtum.

Runenstellung
Fehu

URUZ (Ur)

Buchstabe: U / V
Der Auerochse

Diese Rune beschreibt das Wesen des Auerochsen, der wie verwurzelt bleibt, wo er steht. Nichts kann ihn erschüttern, er bleibt standhaft. So wie heute in der Tierzucht bekannt, glaubte man früher, dass ein Auerochse seine Kraft aus den Kräften seiner Vorfahren bezieht, also aus seinen familiären Wurzeln.
Wird der Auerochse allerdings in eine Richtung bewegt, so kann mit dieser formenden Kraft vieles erreicht werden.

Stichworte:
Erdung, Gesundheit, Standhaftigkeit, Ausdauer, Kräfte von den eigenen Wurzeln beziehen.

Runenstellung
Uruz

THURISAZ (Thurs)

Buchstabe: Th
Dorn, Donner

Dornenbüsche waren schon immer eine gute Abwehr vor Angriffen, aber auch eine starke Behinderung bei der Flucht. Thurisaz zeigt uns die Macht, die in allem versteckt liegt. Ein winziger Dorn kann so viel Macht haben, dass er uns stark behindert. Die Macht der Natur erkennt man am eindrucksvollsten beim Grollen des Donners. Der Mensch stößt immer wieder auf Mächte, denen er sich stellen muss und die er für oder gegen sich verwenden kann. Die größte Macht ist allerdings die eigene, für die dasselbe gilt.

Stichworte:
Gelenkte Macht, Mut zur Konfrontation, aktive Abwehr, Nutzung von Macht, Lenkung von Auseinandersetzungen.

Runenstellung
Thurisaz

ANSUZ (Ass)

Buchstabe: A
Im Wind wehender Umhang Odins

Der Wind hat immer etwas zu sagen, singt immer ein neues Lied und kann nicht durch Ketten gefesselt werden. Ansuz repräsentiert die Kommunikation und die Inspiration. Das trifft nun nicht nur auf Dichtung und Gesang zu, sondern in weiterer Folge auch auf die Macht des Wortes. Das Wort kann ebenfalls als Machtinstrument (Waffe) eingesetzt werden, nur sollte es bewusst passieren und nicht aus Unachtsamkeit oder Vorurteilen heraus geschehen. Diese Rune zeigt auch das Herausgehen aus sich selbst, wie ein Dichter oder Sänger es macht, um seine eigenen Vorurteile und Hemmungen abzuschütteln. Es geht um die Auflösung der angelernten Einschränkungen in der Inspiration und der Kommunikation.

Stichworte:
Kommunikation, Inspiration, Vorurteilsfreiheit, die Welt mit offenem Herzen sehen.

Runenstellung
Ansuz

34

RAIDHO (Rad)

Buchstabe: R
Rad, Streitwagen

Diese Rune steht für den rechten Pfad. Das ist auch der Pfad des Lebens eines jeden Einzelnen, der eigene Standpunkt oder aber ein wirklicher Weg, den man zum Zwecke einer Reise gehen muss. Der zweite Aspekt dieser Rune ist die Ordnung, der gleichmäßige Rhythmus, der im Kosmos, in uns selbst und in unserem Leben den Takt angibt. Das ist mit dem Pfad identisch, wenn alles als Kreislauf betrachtet wird.

Stichworte:
Ordnung, Kreislauf, Reise, kosmische und eigene Rhythmen, innere Reise / Weg.

Runenstellung
Raidho

Kenaz (Kaun)

Buchstabe: K
Fackel, beherrschtes Feuer

Kenaz ist das Feuer, wie wir es kennen und zu beherrschen vermögen, es ist das Feuer der Fackel, die Glut in der Schmiede, das offene Kochfeuer. Es handelt sich immer um beherrschte, kreative, im weitesten Sinne langsame Feuerkräfte, die jedoch auch außer Kontrolle geraten können. In unserem Inneren finden wir Kenaz als Leidenschaft, Willenskraft und schöpferischen, kreativen Tatendrang, aber auch als schwelende Wut wieder.

Stichworte:
Leidenschaft, schöpferische Kreativität, inneres Feuer, sexuelle Lust.

Runenstellung
Kenaz

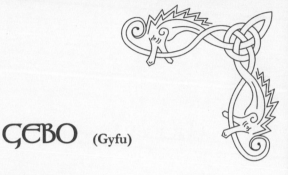

GEBO (Gyfu)

Buchstabe: G
Geschenk, Tauschware

Gebo ist das Geschenk, oder noch besser der Austausch, der beim Schenken stattfindet. Dieser Austausch findet in der Gastfreundschaft genauso statt wie bei sexueller Vereinigung oder bei Hilfsbereitschaft. Ein wichtiger Faktor in der Bedeutung von Gebo ist, dass der offensichtliche Geber ebenso viel von diesem Austausch erhält wie der Empfänger. Nur durch Großzügigkeit und auch die Fähigkeit, etwas annehmen zu können, wird man an diesem Austausch teilhaben können.

Stichworte:
Ehe, Partnerschaft, zwischenmenschliche
Wechselwirkung, Harmonie der Zweisamkeit.

Runenstellung
Gebo

WUNJO (Wynnja)

Buchstabe: W
Flagge, Familienwappen

Diese Rune ist das Zeichen für Freude, Freundschaftspflege und Familiensinn, Frohsinn in der und durch die Nähe von vertrauten Menschen. In dieser Rune lässt sich auch die Lösung der kleinen Problemchen, denen wir selbst in den einfachsten gesellschaftlichen Strukturen wie einer Zweierbeziehung begegnen, finden. Sie gibt uns auch die Einsicht über den Wert, an der Lösung dieser Problemchen zu arbeiten, um den erstrebenswerten Zustand des Frohsinns zu erreichen.

Runenstellung
Wunjo

Stichworte:
Freude, Fröhlichkeit, Zusammenhalt, kollektives Bewusstsein, nahestehende Menschen schätzen.

HAGALAZ (Hagal)

Buchstabe: H
Hagel, Brücke

Hagalaz lehrt, dass auf der Asche von Zerstörtem immer ein guter Boden für Neubeginn gefunden wird, dass durch die Auflösung von alten Strukturen etwas fruchtbares Neues entstehen kann. Man erkennt auch, dass durch Zerstörung viele negative Einflüsse mitvernichtet werden, welche beim Neuaufbau dann nicht mehr hinderlich sind. Diese Rune repräsentiert auch den Übergang zwischen zwei Dimensionen, einen Aufstieg, wo über eine schmale Brücke Altes zurückgelassen wird, um das Neue zu erreichen. Ein weiterer Aspekt von Hagalaz ist der aktive Schutz. Niemand geht freiwillig in einen Hagelsturm, um jemanden anzugreifen.

Stichworte:
Neubeginn durch Zerstörung, Evolution,
Aussortierung, Tunnel zwischen zwei Welten.

Runenstellung
Hagalaz

NAUÐIZ

(Naud, Nauthiz)

Buchstabe: N
Feuerbohrer, Notfeuer, Not

Der Mensch neigt dazu, Naudhiz als negative Rune zu sehen, weil sie Not, Elend und Widerstände symbolisiert. Doch andererseits wird niemand auf die Idee kommen, die Bremse bei einem Fahrzeug als negativ zu bezeichnen, obwohl sie unser Vorankommen behindert! Jeder kennt die Tatsache, dass es oft hilfreich ist, in der eigenen Euphorie etwas gebremst zu werden. Naudhiz ist das Symbol des Feuerbohrers. Durch Anstrengung und Reibung wird Feuer erschaffen. Was mit diesem Feuer angestellt wird, liegt wieder in der Macht des Benutzers. Jeder weiß, dass der Erfindungsreichtum gefördert wird, wenn man in seinen Möglichkeiten eingeschränkt wird (Pfadfinderkreativität) und dass aus jeder Notsituation eine Menge gelernt werden kann.
"Not macht erfinderisch"

Stichworte:
Widerstände, Reibung, Erschaffung durch Anstrengung, Erfindungsgeist, aus dem Weg räumen von Stolpersteinen, Schlichtung von Zwistigkeiten.

Runenstellung
Naudhiz

ISA (Is)

Buchstabe: I
Eis, Gletscher

Isa ist das Eis, seine Schönheit und sein wahres Inneres. Das Eis, das wie Edelsteine glitzert, ist doch kalt und ehe man sich versieht, erfriert man. Der Stillstand und die Schönheit sind nur zwei Aspekte des Eises. Dazu kommt noch die Konzentration (aufs Wesentliche), aber auch die Expansion, wie man sie von Gletschern kennt. Auch bei dieser Rune hüte sich jeder zu polarisieren, denn zum Stillstand gebrachte Einflüsse können positiv wie auch negativ sein und Eis kann auch eine Brücke über unüberwindbare Wasser bilden.

Stichworte:
Stille, Stillstand, Schutz, Konzentration auf das Wesentliche, hinter das Äußere blicken, Kristallisation, Manifestation.

Runenstellung
Isa

41

JERA (Ar)

Buchstabe: J
Jahr, gute Saison

Mit der Rune Jera ist das Ende eines Zyklusses erreicht. Die Ernte der Vergangenheit kann eingeholt werden. Entstanden ist sie aus der Summe der Handlungen und des Verhaltens in der Vergangenheit. Jera zeigt auch die Zeit an, wo es wichtig ist, von der momentanen Ernte etwas für die Zukunft einzulagern und genügend Saatmaterial selber zu behalten. In der Zukunft wird der Tag kommen, wo auf diese Reserven zurückgegriffen wird, um wieder einen neuen Zyklus zu starten.

Stichworte:
Jahr, Zyklus, weise Vorausschau, Karma, aus Vergangenem Erfahrungen sammeln, Anwendung von Gelerntem.

Runenstellung
Jera

EIHWAZ (Iwaz, Eoh)

Buchstabe: Eh / Ie
Yggdrasil, Weltenbaum, Eibe

Eihwaz steht für Yggdrasil, den Weltenbaum. Er ist die Mittelachse, der Anfang und das Ende von allem, das Alpha und das Omega, der Ort, wo Mysterien von Leben und Tod offenbart werden. Wer sich dort in der Mitte befindet, ist immer all-ein, unangreifbar und in absoluter Stille. Nur an diesem Ort kann wahre Erleuchtung stattfinden und an diesem Ort wird man den Sinn des Lebens im eigenen Inneren finden. Denn dort, wo es sonst niemanden gibt, ist vollkommene Ungestörtheit.

Stichworte:
Stille, in sich gehen, Schutz, innere Mittung,
Sinn des Lebens.

Runenstellung
Eihwaz

43

PERTHRO (Perth)

Buchstabe: P
Würfelbecher, Zeit

Perthro repräsentiert das Schicksal. Es ist das Schicksal, das vorbestimmt ist, das Mysterium von Glück und Leben. Aber es ist auch das Schicksal, das man sich selbst erzeugt: "Jeder ist seines Glückes Schmied!" Diese Rune ist die große Variable in unserem Leben, die es zu berücksichtigen gilt. Perthro steht auch für die Zeit bzw. den günstigen Zeitpunkt. Jeder, der den Würfelbecher kennt, weiß über die Qualität des Zeitpunktes Bescheid. Dieser ist es, der entscheidet, ob es besser wäre aufzuhören oder hoch zu setzen. Wiederum zeigt sich hier das Schicksal und was wir daraus machen.

Stichworte:
Guter Zeitpunkt, Schicksal, Ursache und Wirkung.

Runenstellung
Perthro

44

ALGIZ (Elhaz, Yr)

Buchstabe: Z, Y
Baum mit Ästen / mit Wurzeln,
fliegender Schwan

Algiz zeigt uns, dass wir mehr sind, als dieser physikalische Körper hier auf Erden. Diese Rune hilft uns, uns mit den höheren Kräften des Kosmos, mit unserem höheren Selbst und unseren anderen feinstofflichen Komponenten zu verbinden. Wie der Baum seine Äste in Richtung Himmel streckt, ist diese Rune eine spirituelle Antenne, die bis ins All-Bewusstsein reicht und mit der kosmischen Einheit in Verbindung steht.

Am Kopf stehend dargestellt wird diese Rune oft als Yr ᛉ bezeichnet und teilweise als letzte im 25er Runensystem benutzt. Yr ᛉ hätte demnach die Bedeutung eines Baumes mit Wurzeln, was oft symbolisch mit der eigenen Sterblichkeit bzw. die Verbindung zur Unterwelt in Verbindung gebracht wird. Manchmal kann an Stelle von Algiz ᛦ auch eine Rune gefunden werden, die eigentlich eine Binderune ᚼ von Algiz ᛦ und Yr ᛉ darstellt. Geometrisch und energetisch entspricht sie der Rune Hagalaz ᚷ und nicht der Rune Algiz ᛦ.

Stichworte:
Schutz durch höhere Kräfte, Verbindung zum höheren Selbst, Empfang kosmischer Energien, Öffnung der eigenen Ganzheitlichkeit, Kontakt zum Krafttier oder Schutzengel, Schutz.

Runenstellung
Algiz

SOWILO

(Sol, Sowelu, Sigil)

Buchstabe: S
Sonne

Sowilo ist das Strahlen eines Siegers. Durch die Kraft des eigenen Willens erreichte Ziele sind es, die uns strahlen lassen wie eine Perle in der Sonne. Ohne Verblendung kann der Sieg genossen werden.

Es ist nicht die Wärme der Sonne, die alles zum Leuchten bringt, sondern das Licht ihrer Strahlen. So, wie die Sonne tagein tagaus am Abend untergeht und am Morgen aufgeht, ist Sowilo der konstante, strömende Kurs des Seins. Der Weg der Sonne ist unbeeinflussbar. Genauso wie unser eigener übergeordneter kosmischer Wille auch, auf dessen Weg wir wandeln. Zielgerichtet diesem Willen folgend kommen wir auf unserem Pfad voran. Spontanität und Tatkraft helfen uns, über kleine Stolpersteine leicht hinwegzukommen.

Stichworte:
Sieg, Erfolg, zielgerichtete Bewegung, intuitive Entscheidung, Konsequenz, Strahlkraft, Leitfeuer.

Runenstellung
Sowilo

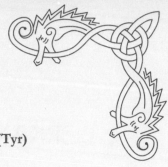

TIWAZ (Tyr)

Buchstabe: T
Speer, Zunge der Waage

Tiwaz steht für Gerechtigkeit. Ursprünglich betrachtet kann Gerechtigkeit nur hergestellt werden, wenn sich die Kräfte von Himmel und Erde im Gleichgewicht befinden, wofür Treue und oft auch anstrengende Selbstaufopferung erforderlich sind. Wenn dies der Fall ist, dann wird der Gerechtigkeit nicht nur mit Schiedssprüchen sondern auch mit Waffengewalt Genüge getan. Es ist egal wie, die Gerechtigkeit wird immer siegen.

Stichworte:
Gerechter Sieg, Loyalität, Harmonie zwischen Geistigem und Materiellem, Kampf für die gute Sache und die Freiheit.

Runenstellung
Tiwaz

BERKANO (Beorc)

Buchstabe: B
Birke, Busen

Berkano ist das Bild der manifestierten Fruchtbarkeit, der Geburt. In der keltischen Mythologie ist die Birke (Beith) aller Anfang. Sie repräsentiert den Anfang von fruchtbarem Wachstum. Ein weiterer Aspekt dieser Rune ist der Schutz für alles, was langsam gedeiht. So wurde zu früheren Zeiten vor neugebauten Häusern eine Birke als Schutzbaum gepflanzt.

Stichworte:
Langsamer Zuwachs, Geburt, Wachstum neuer Ideen und Projekte, Schutz vor schlagartigen Störungen, Erblühen neuer Erkenntnisse.

Runenstellung
Berkano

ЄҺШAZ (Eh, Eoh)

Buchstabe: E
Odins Windpferd, der Vertraute

Ehwaz steht für die Symbiose zweier unterschiedlicher Kräfte, die stets sie selbst bleiben aber gemeinsam wirken. Manchmal ist in dieser Symbiose die eigene Person eine der beteiligten Kräfte (Geist, Seele oder Körper). Diese Rune zeigt uns den Wert unseres Vertrauten, den wir für ergebnisreiche Zusammenarbeit benötigen. Dieser Vertraute ist eine Kraft, ein Partner, ein Freund oder auch ein Glaube oder eine Lebensphilosophie. Nur durch das gemeinsame, gleichgerichtete Wirken dieser Kräfte ist ein stetiges Vorankommen gewährleistet.

Stichworte:
Funktionierende Partnerschaft, Gedanke und seine Ausführung, reibungslose Zusammenarbeit, Hand in Hand Tätigkeit, stetiger Fortschritt, treuer Gefährte.

Runenstellung
Ehwaz

MANNAZ (Man)

Buchstabe: M
Mensch, Mann, Menschheit

Mannaz ist das Bild des Menschen, das Mensch-Sein. Es steckt die Menschlichkeit als Eigenschaft genauso darin wie die Fähigkeit, sich selbst als Menschen, einen Teil der globalen Menschheit zu sehen. Auch das soziale Gefüge, das uns als Leim zwischen den Erdbewohnern erst zur Menschheit macht, wird damit angesprochen. In dieser Rune steckt auch verborgen, jede Person wirklich als Mensch zu sehen und nicht nur als Summe bisheriger Erfahrungen mit ihr. Es ist das "hinter die Maske" Blicken, objektiv zu bleiben und Erzählungen über jemanden außer acht zu lassen.

Stichworte:
Gesellschaft, Menschlichkeit, Erkennen sozialer Strukturen, Erkennen von Täuschung durch das Äußere oder Schauspiel, der Mensch.

Runenstellung
Mannaz

LAGUZ (Lagu)

Buchstabe: L
Wasser, Meer

In Laguz finden wir auf das Leben umgelegt, was wir von Seeleuten wissen. Es erfordert einiges an Mut und Vorbereitungen, um den Ozean des Lebens zu befahren. Stets können hohe Wogen oder eine Ebbe das Weiterkommen erschweren oder uns sogar zum Kentern bringen. Genau das sind die schweren Prüfungen, denen wir im Leben begegnen, die noch dazu meist emotionaler Natur sind, denn das Wasser ist auch das Element der Emotionen.

Stichworte:
Lebenserfahrung, strenge Prüfung, emotionale Entscheidung, Sensibilität, Gefühle, Vitalität im globalen Sinne, schwere Entscheidung, Auf und Ab des Lebens.

Runenstellung
Laguz

51

INGWAZ

(Ing, Enguz)

Buchstabe: Ng
Samenkorn, der Held Inguaz

Ingwaz ist die Kraft des Samens. Das bedeutet, dass der biologische Aspekt des Samens eine geballte Kraft beinhaltet, die aber nur entfaltet werden kann, wenn ausreichend Ruhe und Geduld dafür aufgebracht werden. Ingwaz steht für jeden langsamen Reifungsprozess und die dafür benötigte Zeit, aber auch für die Entfaltung der gesamten gereiften Macht nach Beendigung des Wachstums.

Stichworte:
Reifung, Geduld, Zeit, konstruktive Pause, Ruhe, Besinnlichkeit, Erwarten der reifenden Früchte, fruchtbare Zeitspanne.

Runenstellung
Ingwaz

DAGAZ (Daeg)

Buchstabe: D
Das erste Licht des Tages,
Dämmerung

Dagaz repräsentiert die Zeit zwischen Nacht und Tag. Es ist der Zeitpunkt, an dem sowohl die Helligkeit als auch die Dunkelheit präsent sind und beide gemeinsam eine Summe ergeben. Genauso wie in diesem Dämmerzustand zwei gegenteilige Seiten verschmelzen und doch als getrennt erkannt werden können, ist es oft wichtig, von einer Sache gleichzeitig das Gegenteil zu betrachten, um die Gesamtheit zu verstehen. Es handelt sich hierbei nicht um einen Ausgleich, denn es bleiben beide Kräfte unverändert erhalten. Manchmal ist es erforderlich, zwei gegenteilige Welten aufeinander prallen zu lassen, um in der dadurch neu entstandenen Summe eine Antwort zu finden. Dagaz ist auch eine Rune der kosmischen Erfahrung, denn es sind solche Dämmerzustände, die uns mystisches Wissen offenbaren.

Stichworte:
Summe von Plus und Minus, mystische Erfahrung,
Verbindung von offenbaren Gegensätzen, zwei Welten
prallen aufeinander, Dämmerungszustand.

Runenstellung
Dagaz

OTHALA

(Odhal, Ethel)

Buchstabe: O
Heimat, ererbter Landbesitz

Othala ist die Verwurzelung der Ahnen in der eigenen Person. Alles, was mit der eigenen Herkunft und der Heimat an sich zusammenhängt, ist in dieser Rune enthalten. Diese Rune repräsentiert sehr stark den unbeweglichen ererbten Besitz, also primär das Land. Diese Verbindung kommt zustande, weil auf dem Land, das sich im Familienbesitz befindet (wo auch das Sippenbanner Wunjo errichtet wird), schon die Großeltern, Ahnen und Urahnen gelebt haben und teils auch dort begraben liegen.

Stichworte:
Ahnen, Landbesitz, ererbter Wohlstand, unbewegliches Gut, Verbindung und Verwurzelung zur Sippe.

Runenstellung
Othala

54

Einfache Anwendungen

Weißt du zu ritzen, weißt du zu raten?
Weißt du zu färben, weißt du zu fragen?
Weißt du zu beten und Opfer zu bringen?
Weißt du zu schlachten und weißt du zu scheiden?

Besser nicht ritzen als zuviel geritzt,
Besser nicht raten als zuviel geraten,
Besser nicht färben als zuviel gefärbt,
Besser nicht fragen als zuviel gefragt,
Besser nicht beten als zuviel gebetet,
Besser nicht opfern als zuviel geopfert,
Besser nicht schlachten als zuviel geschlachtet,
Besser nicht scheiden als zuviel geschieden:
    denn Gabe schielt stets nach Vergeltung.

                            -hávamál / Edda

Herstellen von Runen

Als erstes benötigt man ein Runen-Set. Das kann gekauft, beziehungsweise gebastelt werden. In Fachgeschäften werden viele Runensätze angeboten. Meistens sind sie aus gebranntem Ton oder lackierten Holzscheiben. Allerdings werden Sie auf Dauer damit nicht glücklich. Ein persönliches Runen-Set soll eigenhändig hergestellt sein, damit es schon von Anfang an die persönliche Prägung des Anwenders bekommt. Alle Runen entsprechen der Form, die Sie bevorzugen. Die Größe der Runensteine oder -stäbe entspricht Ihren Vorstellungen usw. und schlussendlich ist das fertige Set etwas sehr Persönliches, individuell Einzigartiges. Für den Anfang können es auch nur runde Kartonplättchen sein. Mit Hilfe einer Münze aufgezeichnet und ausgeschnitten, mit Lack- oder Filzstift beschriftet, ist so ein Set für anfängliche Versuche rasch hergestellt.

Schöne Runensteine erhält man auch, wenn Scheiben von einem Ast gesägt und die Runen eingeschnitzt oder eingefräst werden. Traditionelle Stäbe aus Buchenholz, einseitig abgeflacht und eingeschnitzt, haben ebenso ihren Reiz. Der Phantasie sind bei der Herstellung und der Wahl des Materials keine Grenzen gesetzt, denn Runensteine aus Korkplättchen, Rindenstücken, Lederscheibchen usw. sind ebenso möglich. Ich persönlich bevorzuge runde Kieselsteine, in die ich die Runen eingraviere. Wichtig ist nur die eigenhändige Herstellung. Daher spielt es auch keine Rolle, wenn die eine oder andere Rune misslingt und nicht genau so aussieht wie geplant. Das gehört dazu! Runen sind Handarbeit und so soll es sein.

Noch ein Wort zur Farbe:

Die Runen sollen mit Farbe ausgemalt werden und darüber sollte man sich ein paar Gedanken machen. Je nachdem wofür das Runen-Set benutzt wird, variiert die verwendete Farbe. In der alten Tradition wird ein Runen-Set mit blauer Farbe verziert, wenn es für viele verschiedene Anwendungen oder von Neulingen benutzt wird. Für magische Anwendungen sowie wichtige Orakelsprüche und dergleichen, wurde ein Runen-Set nur für diesen einen Zweck hergestellt, mit Blut beschriftet und nach der Verwendung verbrannt. Das Blut hatte dabei außer der Färbung noch weitere magische Aufgaben, nämlich als sogenannter fluidischer Kondensator zu wirken. Ein fluidischer Kondensator ist ein Material, welches ein starkes energetisches Ladungsvermögen besitzt. Zum Glück weiß man heutzutage, dass verschiedene Ersatzmaterialien dieselbe Ladungskapazität besitzen und manche sogar darüber hinaus gehen.

Ich empfehle, Runen-Sets für Spielereien oder weniger ernsthafte Anwendungen mit einer beliebigen Farbe – ausgenommen Rot und Gold – nachzuziehen, so bekommt das Set eine durchaus vernünftige und bereits brauchbare Kraft.

Hat man sich in die Runenmagie etwas eingearbeitet, dann kommt früher oder später der Wunsch nach einem stärkeren, mit der eigenen Person verwobenen Runen-Set, das wirklich "das Eigene" genannt werden kann. Hierzu wird entweder das vorhandene Set mit roter Farbe übermalt oder ein ganz neues mit roter Farbe hergestellt.

Sobald jemand den Zugang zu den Runen wirklich gefunden hat und sich klar ist, welche Kräfte dahinter stecken, kann er sich ein Set mit goldener Beschriftung herstellen. Auch ein Set für wichtige einzigartige Entscheidungen und Arbeiten wird mit Gold beschriftet. Allerdings

sollte darauf geachtet werden, dass in der verwendeten Farbe wenigstens ein winziger Anteil an echtem Gold enthalten ist (was bei den meisten erhältlichen Farben und Lacken ohnehin der Fall ist). Natürlich kann auch Blattgold verwendet werden. Die Verwendung von eigenem Blut ist ein Relikt aus dem Altertum und sollte vermieden werden. Außerdem ist der optische Eindruck mit Goldfarbe um ein Vielfaches schöner.

Aufbewahrung

Zur Aufbewahrung der Runensteine ist ein Seidentuch sehr zu empfehlen. Der Vorteil von Seide ist ihre Eigenschaft, für feinstoffliche Energien undurchlässig zu sein. Dadurch sind die Runen vor fremden energetischen Einflüssen geschützt. Das Tuch kann auch gleich als Unterlage bei Runenorakeln benutzt werden. Das Ganze sieht auch recht passabel und edel aus, besonders wenn das Tuch mit etwas handwerklichem, kreativem Einsatz nach persönlichem Geschmack verziert wird. Stickmuster, Färbungen oder Bemalungen machen sich recht gut auf Seide. Die Tücher sowie sämtliches benötigte Zubehör sind in jedem Bastelwarengeschäft erhältlich.

Traditionell wurden jedoch kleine Beutel aus Leder oder dickerem Stoff benutzt. Hierzu schneidet man aus dem Material ein etwa tellergroßes rundes Stück heraus. Dann werden am besten mit einer Lochzange in gleichmäßigen Abständen kleine Löcher geknipst. Der Abstand der Löcher zum Außenrand sollte cirka 1 cm betragen. Durch die Löcher wird dann eine Lederschnur oder ein anderes geeignetes Band gezogen und deren Enden werden verknotet. Fertig. Auch hier steht anderen handwerklich kreativen Arbeiten und Zusatzverzierungen nichts im Weg. Wenn Sie in Ihrem Bastelladen nicht zu Leder kommen,

so sehen Sie sich beim Autopflegebedarf um. Dort werden oft Ledertücher zum Polieren angeboten. Oder Sie denken daran, wenn Sie das nächste Mal eine ausrangierte Lederjacke zum Müll tragen wollen, dass es vielleicht doch noch eine Verwendung dafür gibt.

Talismantik

Eine der ältesten Anwendungen für Runen ist die Herstellung von Talismanen und Amuletten. Es existieren zwar Unterschiede zwischen einem Talisman und einem Amulett, aber bei der Anwendung mit Runen kommen diese Unterschiede praktisch nicht zum Tragen, sodass ich in weiterer Folge nicht mehr darauf eingehen werde, welchen der beiden Begriffe ich verwende.

Ein Talisman kann prinzipiell alles sein, was man leicht mitnehmen kann. Praktischerweise sind es kleine Gegenstände, die an einem Band um den Hals hängen oder einfach eingesteckt werden. Mit Runen verzierte münzgroße Holzscheiben oder Kieselsteine sind recht oft zu sehen. Ebenso wie bei der Herstellung der Runensteine sind hier der Phantasie kaum Grenzen gesetzt.

Welche Rune den Talisman zieren soll, muss sorgfältig bedacht werden. Das ist eine schwerere Aufgabe, als es auf den ersten Blick erscheint. Wie ich vorher bereits beschrieben habe, werden alle Eigenschaften von jeder benutzten Rune aktiviert. Dabei gilt es, sich daran zu erinnern, dass die Runen nur energetische Strukturen beeinflussen können. Das bedeutet, bestimmte energetische Formen werden begünstigt. Was der Träger aus dieser Energie dann macht, ist wiederum eine Sache seines freien Willens.

Durch die Begünstigung bestimmter energetischer Zustände werden energetisch konträre Energien durch eine Rune behindert. Ein oft wiederholter Fehler in der Runenpraxis ist, zu glauben, es handle sich hierbei einfach um die jeweils gegenteiligen Eigenschaften. Das ist wohl manchmal richtig, aber energetisch konträr heißt auch sehr oft etwas vollständig anderes. Achten Sie darauf, nicht in diese Falle zu tappen und versuchen Sie, diese Zusammenhänge als Einführung in das später folgende Kapitel "Den Zugang finden" zu erarbeiten. Sich bildlich vorzustellen, was mit einer Rune verhindert werden könnte, hilft sehr oft, zum richtigen Gedanken zu finden.

Ein einfaches Beispiel zur Verdeutlichung:
> Die Rune Thurisaz kann als Wunschaspekt die eigene Durchsetzungskraft aktivieren. Sie ist die Rune der Macht und des eigenen Willens, das ist auch die Energie, die sie begünstigt. Am Anwender liegt es nun, ob er diese Energie sinnvoll einsetzt oder sie sich in Form von Wut und Zorn entlädt, denn das sind auch Aspekte derselben Energiestruktur. Als energetisch konträre Energie kann in diesem Beispiel Orientierungslosigkeit und Nachgiebigkeit gesehen werden.

Das Gleiche gilt natürlich analog auch für alle anderen Runen. Daher ist es wichtig, immer beide Seiten zu sehen. Wer sich länger mit Runen beschäftigt, wird langsam ein gutes Gefühl dafür entwickeln, welche Rune die passende ist und im Zweifelsfall eine Binderune, wie sie später beschrieben wird, verwenden.

Segnung

Das Mindeste, was Sie einem Talisman oder einem Runen-Set mitgeben sollten, vorausgesetzt es soll ernsthaften Zwecken dienen, ist eine Segnung. Beim Segnen wird der Gegenstand mit Energie versorgt und dadurch für die Arbeiten vorbereitet.

Die Segnung selbst soll in einem rituellen Rahmen stattfinden, dadurch wird einerseits eine passende Atmosphäre erzeugt, was motiviert, mit ganzem Herzen bei der Sache zu sein. Andererseits schaffen Sie sich bei oftmaliger Anwendung ein höheres Energieniveau, wodurch die Arbeit verbessert wird. Ein solcher ritueller Rahmen kann jederzeit rasch hergestellt werden. Auflegen von stimmungsvoller Musik, gedämpftes Licht, das Anstecken von Räucherstäbchen oder ein Seidentuch als Arbeitsunterlage sollen als Beispiele dienen.

Der Arbeitsablauf:

1 - Herstellung des entsprechenden Umfeldes

> Vorbereitung des Arbeitsplatzes, entzünden Sie eine weiße Kerze und wenn Sie möchten, können Sie die höheren Mächte der Runen um Hilfe bitten.

2 - Loslassen

> Bevor Sie mit der eigentlichen Arbeit beginnen, sollten Sie sich 2 bis 5 Minuten fallen lassen und die Atmosphäre in sich aufnehmen.

3 - Auswählen

Danach legen Sie den zu segnenden Gegenstand vor sich auf das Seidentuch.

4 - Segnen

Während Sie mit dem Finger die entsprechende Rune nachzeichnen, sprechen Sie langsam ihren Namen dreimal aus und stellen sich gleichzeitig das der Rune analoge Bild vor (zum Beispiel einen Eiszapfen bei der Rune Isa). Das Ganze sollte in Ruhe, ohne Hast, geschehen. Im Zweifelsfalle beginnen Sie noch einmal von vorne.

5 - Abschließen

Als Zeichen des Abschlusses legen Sie den Gegenstand nun beiseite und geben sich wieder 2 bis 5 Minuten der Entspannung hin.

Sollen mehrere Gegenstände wie zum Beispiel ein gesamtes Set gesegnet werden, so kehren Sie nun übergangslos zu Punkt 2 zurück.

6 - Beenden

Ist die Arbeit getan, danken Sie den höheren Kräften für ihre Unterstützung (wenn Sie sie vorher angerufen haben). Blasen Sie nun die Kerze aus.

Orakel

Der mit Abstand bekannteste Verwendungszweck der Runen ist der Einsatz als Orakel. Bevor ich mit den Ausführungen beginne, halte ich es für notwendig, mit einem weit verbreiteten Missverständnis aufzuräumen. Vielfach wird fälschlicherweise angenommen, dass ein Orakel die Zukunft vorhersagt. Diese Annahme ist theoretisch wohl richtig, allerdings wird dies meist sehr falsch verstanden.

Tatsächlich ist ein Orakel eine Entscheidungshilfe. Es kann uns zeigen, in welche Richtung sich eine bestimmte Situation entwickeln wird. Das Orakel zeigt uns in den seltensten Fällen etwas gänzlich Neues. In den meisten Fällen wird es uns Dinge vor die Nase knallen, die wir ohnehin schon wissen, aber offenbar nicht realisieren wollen. Ansonsten hätten wir ja das Orakel nicht befragt.

Sie sehen selbst, dass wohl Tendenzen der Zukunft erkannt werden, aber von einer Zukunftsvorhersage, wie sie oft dargestellt wird, sind wir noch meilenweit entfernt. Im Laufe der Zeit, wenn Sie das Orakel schon öfter befragt haben, werden Sie dennoch feststellen, wie treffsicher es Ihnen in vielen Lebenssituationen weiterhelfen kann. Schon alleine deshalb, weil es imstande ist, vor Polarisierungen, unwahren Wunschvorstellungen und Verblendungen zu bewahren. Das führt schon zur ersten Frage: "Wann soll das Orakel befragt werden?" Auf diese Frage geben viele Seiten die unterschiedlichsten Antworten, die von "immer wenn Sie Lust dazu verspüren" bis zum demütigen "nur in den allerwichtigsten Lebensfragen" reichen. Ähnliche Antworten kommen auch auf die Frage nach dem zu verwendenden Runen-Set. Traditionell wurde für wichtige Fragen ein eigenes Runen-Set hergestellt, mit einem Blutritual geweiht, nur für eine Frage verwendet und danach verbrannt.

Ich persönlich denke nicht darüber nach, ob eine Frage wichtig genug ist, die Runen danach zu befragen. Wenn ich glaube, ich sollte es tun, dann tu ich es einfach, ohne viel Hin oder Her. Für wirklich unwichtige Fragen, wie zum Beispiel, ob ich jetzt lieber einen Orangen- oder einen Apfelsaft trinken sollte, würde es mir nicht einfallen, ein Runen-Orakel zu befragen. Und wenn ich es tue, wäre die Antwort nicht verständlich oder das Orakel würde mir die Wahrheit zeigen. In diesem Fall, dass es absolut egal ist, wofür ich mich entscheide.

Ich finde, es lässt sich keine allgemein gültige Regel aufstellen, wann der rechte Zeitpunkt ist und wann nicht. Man darf immer, niemand verbietet es Ihnen, nur soll es nicht zur Manie werden. Jemand, der aufhört, selbst nachzudenken, und sein ganzes Leben nach einem Orakel auszurichten beginnt, sollte sich Gedanken darüber machen. Denn er befindet sich auf dem falschen Weg und hat ein Werkzeug zum Hauptzweck gemacht.

Was ich allerdings sehr wohl empfehlen kann ist, für unterschiedlich wichtige Fragen das Orakel auch entsprechend anders anzuwenden. Ganz einfach deshalb, weil bei wirklich entscheidenden Fragen auch mehr Einsatz gefordert ist. Durch den mehrmaligen Gebrauch kommt es auch meistens zu einer exakteren Deutung.

Ich trage beispielsweise immer ein kleines Runen-Set bei mir und als rasches Orakel ziehe ich daraus einfach eine Rune. Bei wichtigeren Fragen kann auch ein anderes besonderes Runen-Set benutzt werden. Auch sollte dann mit mehr Ernst an die Sache herangegangen und etwas mehr Zeit dafür aufgewendet werden.

Bei besonders wichtigen Fragen empfehle ich folgendes Orakelritual. Es setzt allerdings schon einige Erfahrung mit den Runen voraus.

Der Arbeitsablauf:

1 - Herstellung des entsprechenden Umfeldes

Räucherwerk anstecken, meditative Musik auflegen, Licht dämpfen, eine schwarze Kerze als Beleuchtung benutzen (die einzelne schwarze Kerze steht in den meisten alten und neuen Magierichtungen für die eigene Meisterschaft und den Zugang zu dieser), als Arbeitsunterlage ein Seidentuch am Boden ausbreiten, Notizbuch und ein Bleistift sollen bereitliegen.

Legen Sie einen Kreis aus einem vollständigen Runen-Set auf dem Boden auf. Die Reihenfolge der Runen spielt hierbei keine Rolle, nur soll in diesem Kreis bequem Platz für Sie selbst, die Schreibutensilien und auch für Ihre Arbeitsunterlage sein. Das Runen-Set, mit dem die eigentliche Befragung stattfindet, soll ein besonderes sein, vorzugsweise eines, das nur für solch wichtige Zwecke verwendet wird. Es liegt ebenso innerhalb des Kreises bereit.

2 - Loslassen

Bevor Sie mit der eigentlichen Arbeit beginnen, lassen Sie sich einige Minuten fallen und nehmen die Atmosphäre in sich auf.

3 - Aufbau des Kreises

Nun gehen Sie bei den Runen, aus welchen der Kreis gelegt wurde, Rune für Rune durch und sprechen den Namen der jeweiligen Rune aus, während Sie die einzelnen Runensteine im Geiste wie an eine Perlenschnur auf einen virtuellen Faden auffädeln, bis am Ende alle Runen mit diesem Phantasiefaden verbunden sind. Ab diesem Zeit-

punkt soll bis zur Beendigung des Rituals der Kreis nicht mehr verlassen werden. Selbst das Hinausgreifen oder Ähnliches ist zu vermeiden. Während des weiteren Rituals wird Sie der Kreis vor äußeren Einflüssen schützen.

4 - Vorbereitung

Nun werden einige Momente dafür aufgewendet, sich auf das Orakel vorzubereiten und die Frage möglichst genau zu definieren.

5 - Befragung

Das Orakel wird nun mit einer beliebigen Legetechnik befragt. Lassen Sie sich besonders viel Zeit dafür und achten Sie dabei darauf, dass Sie sich nur auf die Frage konzentrieren.

6 - Deutung

Nun beschäftigen Sie sich mit voller Aufmerksamkeit mit der Deutung des Orakels. Bis Sie den Eindruck haben, es wirklich vollständig erfasst zu haben. Danach verharren Sie noch einige Augenblicke, um die Antwort in ihrer Gesamtheit in sich aufzunehmen.

7 - Abschließen

Als Abschluss sammeln Sie die zur Befragung benutzten Runen wieder ein und notieren sich den gesamten Vorgang in Ihrem Notizbuch. Dazu gehören: das Datum, die Situation, die zur Frage führte, die gestellte Frage, die gezogenen Runen und die Deutung.

Sind noch weitere Fragen zu stellen, legen Sie das Notizbuch beiseite und kehren zurück zu Punkt 4.

Haben Sie den Eindruck, dass Sie nicht mehr ganz bei der Sache sind, sich die Atmosphäre negativ verändert hat oder einfach, dass es genug ist, dann übertreiben Sie es nicht. Es ist besser, das Ritual mit den noch anstehenden Fragen am nächsten Tag zu wiederholen und das jetzige zu beenden.

8 - Orakel beenden

Als Zeichen der Beendigung des Orakels wird das Seidentuch zusammengelegt und der eigene Geist frei von den Fragen gemacht.

9 - Abbau des Kreises

Nun versuchen Sie, sich vorzustellen, wie der imaginäre Faden, den Sie durch die Runen des Kreises gesponnen haben, Rune um Rune zu einem Knäuel ausgefädelt wird. Am Ende stellen Sie sich vor, wie dieses Knäuel in Flammen aufgeht oder sonst irgendwie verschwindet.

10 - Beenden

Als Abschluss danken Sie den höheren Kräften für ihre Unterstützung und blasen dann die Kerze aus.

Den genauen Vorgang einer Orakelbefragung habe ich bisher noch nicht erklärt. Das will ich nun nachholen! Am wichtigsten ist es, die Frage richtig zu stellen, denn dabei gibt es einiges zu beachten. Keine Fragen mit: ob, wann, wer oder wo. Sie werden als Antwort ein Bild erhalten, daher ist es nicht sinnvoll, eine Frage zu stellen, die mit einem Datum, einem Ort oder mit Ja oder Nein beantwortet werden muss. Es versteht sich von selbst, dass auch Fragen kriminalistischer Natur (Warum waren Sie am 14. 3. 1999 nicht zuhause?), physikalischer Natur (Wieweit ist eine Lichtminute?) und auch analoge andere Fragen nicht zufriedenstellend beantwortet werden können.

Eine richtig gestellte Frage bezieht sich immer auf den Fragenden selbst! Grundsätzlich wird versucht, die Situation als ganzes in Frage zu stellen, damit das Orakel genügend Spielraum hat, zu antworten. Sonst kann es passieren, dass man sich in Einzelheiten verstrickt und das Orakel dadurch auch nur für die Einzelheiten antworten kann.

Einige Beispielfragen:

Was kommt beruflich auf mich zu?

In welcher Situation befinde ich mich in meiner Partnerschaft?

Was ändert sich an meiner finanziellen Situation wenn ...

oder wenn ...?

Vor und während dem Ziehen der Steine, soll man sich nur auf die gestellte Frage konzentrieren. Gezogen wird grundsätzlich mit der linken Hand, denn die linke Hand entspricht in der Hermetik der anziehenden Seite des Menschen, der Verbindung zur Intuition. Die Runen werden während des Ziehens auch einfach nur hingelegt, ohne sie vorerst umzudrehen oder gerade zu rücken. Wie sie liegen, so liegen sie. Erst wenn alle Steine gezogen sind, werden die auf der Symbolseite liegenden (je nach Legetechnik) alle in dieselbe Richtung umgedreht. Das geschieht, um die Deutung zu vereinfachen. Es muss eindeutig klar

sein, welche quer, welche aufrecht und welche verkehrt liegt. Beim nun folgenden Deuten wird die Lage der Runen wie folgt interpretiert:

Aufrecht:

Diese Rune wird im Sinne der Fragestellung hauptsächlich als konstruktiv und hilfreich gedeutet. Sie repräsentiert die mit ihr assoziierte Situation.

Quer liegend:

Wenn es vorkommt, dass eine Rune weder als aufrecht noch umgekehrt liegend betrachtet werden kann, sie also bildlich gesehen am "Bauch" oder "Rücken" zu liegen kommt, dann sollte sie als Chance interpretiert werden. In diesem Fall wird die Wirkung der Rune allein vom Fragestellenden bestimmt. Sie kann ihre Kräfte in beide Richtungen entfalten.

Umgekehrt:

Also am Kopf liegende Runen sofort als negativ zu bezeichnen, ist ein Fehler, der gerne begangen wird. Es ist wahr, dass dargestellte Situationen auf den ersten Blick kontraproduktiv erscheinen mögen, aber sie sofort als schlecht hinzustellen wäre überstürzt. Es ist besser, diese Runen als Hinweis auf kritische Situationen zu deuten. Anders ausgedrückt warnen sie vor dem Nichteintreten einer bestimmten Energiestruktur, was so gesehen auch positive Folgen haben kann.

An diesem Punkt ist wieder ein Wort der Warnung angebracht. Am Kopf stehende Runen sollten nicht allgemein so behandelt werden. Diese Bedeutung wird nur beim Interpretieren von Orakeln benutzt. Bei anderen Anwendungen der Runen spielt es keine Rolle, wie die Rune ausgerichtet ist.

Manchmal wird es auch passieren, dass alle Runen quer oder negativ aspektiert liegen, oder das gesamte Deutungsbild ergibt absolut keinen rechten Sinn (Achtung: Oft ist die Deutung schwierig zu erfassen!). Dann ist in den allermeisten Fällen die Frage schlecht formuliert, oder es wurde versucht, das Orakel mit einer Frage auf die Probe zu stellen, die schon eindeutig beantwortet wurde.

Legetechniken

Es gibt mehrere Möglichkeiten, wie die Runen beim Orakel gelegt werden. Hier möchte ich nun eine kleine Auswahl präsentieren:

Einzel-Runen

Besonders für Fragen wie: Was ist in meinem Leben die nächste große Herausforderung? Oder was wird mich da oder dort erwarten? ist dieses Orakel prädestiniert.

In diesem einfachsten Fall wird eine Frage gestellt und nur eine einzige Rune gezogen. Es ist erstaunlich, wie genau diese einzelne Rune oft den Kernpunkt der Frage trifft. Nur weil es schnell zwischendurch befragt werden kann und weil nur eine Rune zur Deutung aufliegt, sollte dieses Orakel aber nicht unterschätzt werden.

Urd-Verdandi-Skuld-Orakel

Diese Legetechnik eignet sich besonders als Hilfe vor schweren Entscheidungen oder wenn sich festsitzende Situationen ergeben, die schwer zu durchschauen sind. Auch dann, wenn diese sich so verschleiert darstellen, dass eine richtige Vorgehensweise unklar ist. Bei dieser Legetechnik sind in der Grundform drei Runen zu ziehen.

Rune Nr. 1

zeigt die Ursache, also was zur derzeitigen Situation geführt hat.

Rune Nr. 2

stellt die derzeitige Situation dar.

Rune Nr. 3

erläutert, in welche Richtung sich die Situation weiterentwickeln wird. Stehen dem Fragenden mehrere Entscheidungen zur Wahl, so wird für jede mögliche Entscheidung eine eigene Rune Nr. 3 gezogen.

Keltisches Kreuz

Das keltische Kreuz, in etwas abgewandelter Form oft auch als Medizinrad bezeichnet, ist ebenso eine gute Wahl. Vorzugsweise wenn Rat für einen komplizierten Lebensabschnitt gesucht wird. In diesem Bereich ist es etwas zielgerichteter als das einfache Urd-Verdandi-Skuld-Orakel, aber auch schwerer zu interpretieren. Das keltische Kreuz eignet sich allerdings nicht dazu, eine Entscheidungshilfe bei mehreren Möglichkeiten zu sein, dafür zeigt es uns aber gleich, wie die Problematik am effektivsten zu lösen ist. Bei dieser Legetechnik werden fünf Runen gezogen. Diese werden dann in Form eines gleichseitigen Kreuzes – wie in der Skizze dargestellt – aufgelegt.

Runen Nr. 1, 2 und 3
haben dieselbe Bedeutung wie beim Urd-Verdandi-Skuld-Orakel (Vergangenheit, Gegenwart, Zukunft) und werden auch so gedeutet.

Rune Nr. 4
zeigt den Kern des Problems an. Dies ist die Lektion, die gelernt, der Stein, der aus dem Weg geräumt oder die Situation, die als erstes bewältigt werden muss.

Rune Nr. 5
ist die Kraft, die zur Lösung des Problems aktiviert werden muss, die Macht, die bei der Lösung helfen kann oder die Fähigkeit, die Ihnen als Gewinn nach der Lösung der Situation bleiben wird.

Runen-Werfen

Das Werfen der Runen ist die älteste bekannte Methode, das Orakel zu befragen. Beim Runenwerfen ist die Deutung am schwierigsten und auch sehr zeitaufwändig, aber dafür ist die Aussagekraft am höchsten. Beim Werfen der Runen kann die Gesamtheit einer Situation oder eines Lebensabschnittes erfasst und dementsprechend auch "von oben" betrachtet werden. Einen Wurf zu deuten, setzt einiges an Erfahrung voraus und ist daher auch nur geübten Runenanwendern zu empfehlen. Es ist nämlich für jeden Fragenden frustrierend, eine mögliche Hilfe, Antwort oder Problemlösung vor sich zu haben und sie nicht lesen zu können.

Zum Werfen können einerseits alle Runen benutzt werden und andererseits existiert eine Variante, bei der nur einige geworfen werden. In diesem Fall entscheidet ein Griff in den Runenbeutel über die benutzten Runen und deren Anzahl. Es obliegt rein der Vorliebe des Anwenders, ob er alle oder nur eine Faust voll Runen zum Werfen benutzt, denn beide Möglichkeiten sind als gleichwertig zu betrachten. Eine Methode sieht vor, dass die Runen auf eine vorbereitete Unterlage geworfen werden. Dafür schlage ich ein Seidentuch vor, auf welchem zwei konzentrische Kreise aufgezeichnet oder gestickt sind. Die Runen, die im innersten Kreis zum Liegen kommen, zeigen wie es zur fraglichen Situation kam (Vergangenheit). Die Runen zwischen den beiden Kreisen stellen den derzeitigen Zustand (Gegenwart) dar und alle außerhalb beider Kreise liegenden Runen deuten darauf hin, in welche Richtung sich die Situation entwickeln wird (Zukunft).

Beim Stöbern finden sich noch viele andere Gestaltungsmöglichkeiten für das Tuch. Beispielsweise können die Ecken des Tuches zusätzlich zu den Kreisen oder auch als alleinige Teilung mit geraden Diagonalen verbunden werden. So erhält man vier Segmente, die den Einflüssen der vier Elemente entsprechen. Um die Elementareinteilung richtig deuten zu können, sollte der Anwender neben der Erfahrung mit den

Runen auch in der Elementarkunde entsprechend bewandert sein. Allerdings möchte ich in dieses Gebiet hier nicht einsteigen, da es den Rahmen dieses Buches sprengen würde.

Einen Schritt komplizierter ist das Werfen der Runen ohne Hilfsmittel. Hierbei obliegt es rein der deutenden Person, die Grenzen zwischen Vergangenheit, Gegenwart und Zukunft zu erkennen, sofern sie vorhanden sind. Dies ist übrigens das traditionelle Verfahren, das mit den Runenstäben Anwendung findet. Manchmal wurde auch zuvor ein Kreis auf der Erde gezogen und die Deutung auf die innerhalb dieser Grenze zum Liegen kommenden Runen beschränkt.

Bei der eigentlichen Deutung eines Runenwurfes müssen noch ein paar Umstände miteinbezogen werden, die bei den anderen beschriebenen Legetechniken ohne Bedeutung sind. Grundsätzlich sind die Runen, die nach einem Wurf mit der Symbolseite nach unten zum Liegen kommen, zu entfernen. Sie liegen deshalb mit der Rückseite nach oben, weil sie zu dem entsprechenden Thema nichts zu sagen haben. Sie können auch dort, wo sie sind, bleiben, aber zur Erleichterung der weiteren Deutung empfehle ich, sie gleich nach dem Wurf einzusammeln. Sehr oft liegen einige Runen in Form einer Straße oder eines Pfades nahe beieinander. Ist ein deutlicher Weg erkennbar, so besteht der erste Schritt der Deutung, daraus festzustellen, ob diese Linie den Hergang der fraglichen Situation kennzeichnet. Wenn das der Fall ist, so ist es leicht, die Gegenwart zu finden und den Pfad weiter zu deuten. Die um diesen Pfad liegenden Runen sind oft Anzeiger von Chancen, Herausforderungen oder hilfreichen Kräften.

Runen, die in Gruppen zusammen liegen, müssen auch gemeinsam gedeutet werden. Es lohnt sich, sich die Mühe zu machen, eine solche Runengruppe wie eine Binderune als Summenwirkung zu deuten. Allgemein ist bei der Deutung eines Wurfes darauf zu achten, dass je weiter zwei Runen voneinander entfernt zum Liegen kommen, desto weniger haben sie miteinander zu tun – oder desto entfernter sind sich

die beiden dargestellten Bilder in der Wirklichkeit – in diesem Moment. Runen, die teilweise oder ganz übereinander liegen, zeigen oft zwei Kräfte, die sich gegenseitig beeinträchtigen oder die im Wettbewerb miteinander stehen. Es hängt dann vom weiteren Hergang der Situation ab, welche der beiden Kräfte schlussendlich stärkeren Einfluss hat oder sogar allein übrig bleibt. Manchmal können beide Kräfte auch miteinander verschmelzen. Bei der Benutzung von Runenstäben ist das Ringen der beiden Kräfte noch bildlicher zu sehen, da sie in diesem Fall meist überkreuzt liegen.

Wenn der Startpunkt der Deutung nicht klar ist, so hilft es oft zu prüfen, welche der liegenden Runen die gegenwärtige fragliche Situation am ehesten repräsentiert. Oder man versucht herauszufinden, welche der liegenden Runen der Person des Fragenstellers am nächsten kommt. Eine andere interessante Möglichkeit ist, einen persönlichen Gegenstand, etwa einen Talisman, einen Ring oder etwas ähnliches, der definitiv die eigene Person darstellt, mit den Runen gemeinsam zu werfen. Dies ist übrigens einer der wenigen Fälle, wo eine fünfundzwanzigste Rune (sofern es sich um eine Leerrune handelt) einen Sinn hat.

Eine weitere Variante ist, die liegenden Runen als Geschichte oder Märchen zu sehen und daraus auf die fragliche Situation entweder direkt oder über Analogien zu schließen.

Im Endeffekt ist es wieder eine Frage der Erfahrung des Runenanwenders, ob und wie das Orakel gedeutet wird. Es ist eine sehr subjektive Angelegenheit. Außer mit Hilfe der beschriebenen Regeln und Anregungen ist eine allgemein gültige Erklärung kaum möglich.

Das Runenorakel für andere befragen

Natürlich kann das Orakel auch für jemand anderen befragt werden. Dabei spielt es weder eine Rolle, welche Legetechnik benutzt, noch welches Runen-Set dafür eingesetzt wird. Dem Fragenden sollte davor allerdings erklärt werden, dass er vom Orakel keine definitive Zukunftsprognose erwarten darf, dass die Runen mit der linken Hand zu ziehen sind, wohin er sie legen soll und wie sie später bei der Deutung interpretiert werden. Außerdem muss geklärt werden, wie die Frage zu stellen ist und dass man sich während des Ziehens oder Werfens auf die Frage konzentrieren muss.

Es ist dabei nie notwendig, dass die Frage laut formuliert wird! Im Gegenteil, es empfiehlt sich sogar, dass die Person, welche die Runen deutet, bis zum Abschluss des Orakels die Frage nicht kennt, um subjektiv gefärbte Deutungen zu vermeiden.

Wenn alle Runen gezogen sind, werden sie von der deutenden Person bei Bedarf gerade gerichtet und dann wie immer gedeutet.

Wasser-Imprägnierung

Wasser ist dafür bekannt, energetische Signaturen besonders gut aufnehmen zu können. Was liegt also näher, als Trinkwasser mit der Hilfe von Runen zu prägen, denn über den Weg der Nahrungsaufnahme ist es möglich, die von den Runen hervorgerufenen Effekte zu integrieren. Der Prägevorgang von Wasser ist an sich relativ einfach. Wird in einen Krug oder ein Glas eine Rune eingraviert, so reicht dies schon, um darin enthaltenes Wasser innerhalb von 3 bis 6 Stunden zu prägen. Ein Runenstein ins Wasser gelegt erfüllt denselben Zweck und wenn dieser gesegnet ist, geht es sogar noch schneller. In diesem Fall gibt es nur das Problem, dass der Runenstein erstens nicht lackiert sein soll (der Lack könnte sich im Wasser lösen und eventuell sogar gesundheitsschädliche Rückstände hinterlassen) und zweitens muss darauf geachtet werden, dass auch der Stein selbst keine wasserlöslichen Komponenten enthält. So ist die Auswahl dafür schon sehr eingeschränkt und bei den meisten Kieselsteinen ist die Zusammensetzung und Nahrungsmittelverträglichkeit ohnehin kaum feststellbar.

Eine empfehlenswerte Alternative sind Runensteine aus Glas oder Quarzglas. Hierbei ist darauf zu achten, dass die Runen-Steine nicht im Wasser zu zerspringen beginnen, wenn der Behälter bewegt wird. Oder wer sich mit den Wirkungen von Edelsteinen auskennt, kann diese (bis auf wenige Ausnahmen, zum Beispiel Hämatit) gravieren und als Runensteine zur Wasserprägung mit kombinierter Runen- und Edelsteinkraft nutzen.

Eine andere Methode ist, das Wasser wie einen Talisman zu segnen, oder – wie später noch beschrieben – zu programmieren.

Visionsfindung

Jedem Menschen gehen manchmal die Ideen aus. Das hat nichts damit zu tun, dass es nicht möglich ist, immer kreativ zu sein, sondern hängt vielmehr mit dem Denkvorgang selbst zusammen. Das ausgiebige Nachdenken über ein und dasselbe Thema führt oft dazu, dass sich die Gedanken im Kreis bewegen oder in festgefahrenen Gedankenstrukturen und Klischees hängen bleiben. Nicht immer ist eine Person auffindbar, die uns im richtigen Moment mit genau den richtigen Formulierungen aus einer solchen Falle heraushelfen kann.

Auch hier können die Runenkräfte helfen. Durch ihre bewusst machende Wirkung können sie unbewegliche Gedankenkreise lösen und geben auf überraschend einfache Weise Impulse für neue Ideen.

Der Einsatz der Runen dafür ist denkbar einfach und trotzdem beeindruckend wirkungsvoll. Stellen Sie sich die entsprechende dazupassende Rune vor, während Sie über ihrem Problem brüten. Visualisieren Sie die Rune in Ihre Pläne beziehungsweise zwischen Ihre Problembereiche oder raunen Sie den Runennamen, während Sie sich mit dem entsprechenden Thema auseinandersetzen.

Das Raunen wird später noch genauer beschrieben, aber es kann natürlich an dieser Stelle schon versucht werden. Es handelt sich hierbei um das leise Aussprechen des Runennamens. Wichtig dabei ist allerdings, dass er noch gesprochen wird. Nicht flüstern, ganz leise sprechen, eventuell sogar ohne oder mit nur geringen Lippenbewegungen, raunen eben. Am besten, Sie versuchen es sofort, während Sie diese Zeile lesen, mit ihrer Lieblingsrune.

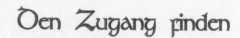

Den Zugang finden

Wenn es jemandem mit den Runen ernst ist, wird er rasch erkennen, dass es nicht zielführend ist, für jede Rune ein paar Stichwörter auswendig zu lernen, wie es bei Jahrmarktswahrsagekarten oft praktiziert wird. Ja, es ist notwendig, einige Begriffe über jede Rune zu wissen, dafür stand auch schon der vorangegangene Teil dieses Buches mit den einfachen Anwendungen. Aber das ist viel zu wenig, wenn damit ernsthaft gearbeitet werden soll.

Überlegen Sie, wie Sie sich den Runen nähern würden, wenn Sie nur die Edda zur Verfügung hätten. Ich nehme mal an, der Großteil der Leser hat die Edda nicht gelesen, aber das ist in diesem Fall auch nicht besonders schlimm. Es sollte nur bekannt sein, dass in der Edda die Eigenschaften der einzelnen Runen kurz beschrieben werden – nicht aber ihre genaue Bedeutung oder Fähigkeiten.

Wenn es nicht in der Edda steht, wo steht es dann? Wie kommt man nun zu diesen essenziellen Informationen?

Die Antwort lautet: Jeder muss den eigenen persönlichen Zugang finden. Alle wichtigen Informationen finden Sie nur in sich selbst! Hier liegt übrigens der größte Fehler, der vielfach begangen wird. Viele Anwender haben irgendwann den Schlüssel gefunden, die Runen haben sich ihnen offenbart. Wenn Sie nun die Bedeutungen der einzelnen Runen in allen Einzelheiten beschreiben, so wird meistens darauf vergessen, dass diese Bedeutungen schon durch ihre Persönlichkeit geprägt wurden und für andere Menschen nur mehr teilweise wahr sind. Es hilft also nicht, sich alle möglichen Bedeutungen jeder Rune zu merken. Es reicht, wenn die Grundbedeutung wie zum Beispiel Kenaz – die Fackel – beherrschtes Feuer bekannt ist. Alles andere muss sich von selbst fügen. Es ist kein Problem, sich Inspirationen oder

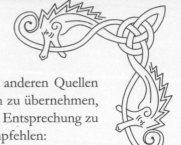

Meinungen von verschiedenen Runenbüchern oder anderen Quellen zu besorgen. Jeder soll sich aber hüten, diese einfach zu übernehmen, ohne dass sie selbst erfahren wurden. Um die eigene Entsprechung zu jeder Rune zu finden, sind folgende Übungen zu empfehlen:

Runenübungen

Diese Übungen sollen nie für mehrere Runen hintereinander durchgeführt werden. Ebenso ist es nicht ratsam, mehr als zwei Runen pro Tag durchzuarbeiten. Vielfach werden sich Wirkungen dieser Übungen erst Stunden danach einstellen. Manchmal kann es auch sein, dass Sie themenbezogene Träume haben, oder dass sich verschiedene Erfahrungen auf andere Weise einstellen. Beim Durchführen der Übungen werden Sie mit den Kräften der einzelnen Runen Bekanntschaft machen. Es wird Ihnen auffallen, dass Sie einige Runen sofort erkennen und bei anderen werden Sie die Übungen mehrfach wiederholen müssen. Machen Sie sich keinen Stress daraus, alle Übungen in möglichst kurzer Zeit zu bewältigen. Es ist keine Aufgabe, die Sie erledigen müssen, bevor Sie mit den Runen zu arbeiten beginnen dürfen. Es ist vielmehr eine Sache, die Zeit braucht und langsam neben der Beschäftigung mit den Runen reifen soll.
Selbst nach langer Zeit kann es interessant sein, diese Übungen zu wiederholen oder fortführend zu verfeinern.

Meditation

Ein Wort für Meditationsanfänger: Mir ist schon aufgefallen, dass Menschen, die noch nie bewusst meditiert haben, vielfach einen Knackpunkt oder einen Flash erwarten! Wenn dieser erwartete "Meditationsstartpunkt" ausbleibt, glauben sie, nicht meditiert zu haben. Oder es nicht zu können. Das ist unrichtig! Dieser erwartete Flash kommt nicht! Natürlich ist es Übungssache, sich rasch in eine tiefe Meditation begeben zu können. Aber das kommt von alleine und ist auch nicht das Wichtigste. Meditieren kann jeder und es hat auch schon jeder gemacht, nur eben nicht bewusst.

Folgen Sie einfach den Übungen und vertrauen Sie darauf, dass es funktioniert. Das tut es nämlich!

1 - Gedankenfreiheit

Setzen Sie sich an einen ruhigen Ort, schließen Sie die Augen und warten Sie einige Minuten bis sich Ihre Gedanken etwas beruhigt haben. Versuchen Sie, allen Gedanken, die Ihnen in den Sinn kommen, die Freiheit zu geben, vorüberzuziehen. Halten Sie keinen Gedanken fest. Denken Sie keinen weiter. Sehen Sie einfach zu, wie Ihre Gedanken wolkenähnlich an Ihnen vorüberziehen.

Diesen Zustand, ich nenne ihn die Gedankenfreiheit, sollten Sie sich merken. Ich werde noch öfter auf ihn zurückkommen. Sie können ihn auch leicht als eigene Übung ansehen und zum Beispiel als Einschlafhilfe am Abend trainieren. Wenn Ihnen diese Übung besonders schwer fällt, dann können Sie als kleines Hilfsmittel eine Rune immer und immer wieder intonieren, sodass Sie in

eine Art monotones Gebet verfallen. Als intonieren wird das langsame, gleichmäßige Wiederholen des Runennamens in normaler Sprechlautstärke bezeichnet.

2 - Bewusstwerdung

Machen Sie sich als nächstes Ihren derzeitigen Zustand bewusst und versuchen Sie, sich diesen Zustand zu merken. Wie fühlt sich Ihre Hose an? Ist Ihnen an den Knien eher kalt oder warm? Wie nehmen Sie Ihre Schuhe war? Können Sie Ihren Gürtel erfühlen? Können Sie Ihr Herz schlagen hören oder fühlen? Was riechen Sie gerade? Wie viele verschiedene Geräusche nehmen Sie gerade wahr? Wie fühlen Sie sich? Nein, es reicht nicht, wenn Sie mit "gut" antworten! Wie würden Sie Ihr momentanes Gefühl beschreiben? Eher depressiv? Verliebt? Gedämpft? Versuchen Sie, es möglichst authentisch zu beschreiben und versuchen Sie, es sich zu merken. Das Gefühl ist es, was Sie sich merken sollen, nicht die beschreibenden Begriffe! Atmen Sie bewusst! Ihre Atmung soll einem angenehmen tiefen, natürlichen Rhythmus folgen.
Auch diese Übung ist übrigens als perfekte Entspannungs- und Einschlafübung geeignet. Versuchen Sie trotzdem, während der Übung in Ihrem Wachbewusstsein zu bleiben.

3 - Runenmeditation

Zeichnen Sie jetzt die Rune vor Ihrem geistigen Auge und betrachten Sie sie einige Momente.
Nun versuchen Sie, vor Ihrem geistigen Auge von der Grundbedeutung der Rune ein Bild zu erzeugen. Für die Rune Kenaz zum Beispiel stellen Sie sich eine Fackel vor.

Während Sie über dieses Bild meditieren, können Sie sich zur Erleichterung folgende Fragen beantworten:

Was bedeutet dieses Bild für Sie? Welche symbolische Bedeutung könnte dieses Bild haben? Hätte Ihnen dieses Bild ein Unbekannter geschickt, was hätte er damit gemeint? Was hätte ein Bekannter damit gemeint? Welcher Mensch würde Ihnen dieses Bild am ehesten schicken? Wenn Sie alleine durch die Dunkelheit irren und auf dieses Bild stoßen, was würden Sie fühlen?

Können Sie das Gefühl, das dieses Bild auslöst, einer Alltagssituation zuordnen? Für welche Situationen würden Sie symbolisch dieses Bild verwenden?

Wenn Sie glauben, es reicht, dann beenden Sie die Meditation, indem Sie sich die Rune noch einige Momente vor Ihrem geistigen Auge vorstellen und die Essenz der eventuell neuen Erkenntnisse kurz Revue passieren lassen. Dann kehren Sie langsam in Ihr Tagesbewusstsein zurück.

Bleiben Sie noch einige Augenblicke sitzen, bevor Sie sich anderen Tätigkeiten zuwenden.

4 - Fixierung

Nun werden die neuen Erkenntnisse und alles weitere, was Sie für wichtig erachten, notiert. Achten Sie vor allem auf Gefühle. Dieser wichtige Faktor wird sehr oft vergessen! Erinnern Sie sich bei der Bewusstwerdung an den Zustand vor der Meditation! Was hat sich seitdem oder während der Meditation alles verändert? So werden Sie im Laufe der Zeit ein immer genaueres persönliches Runen-Bedeutungs-Buch erschaffen. Und diese sind Ihre persönlichen wahren Runenaussagen.

Runenstellungen

Um zu erklären, was eine Runenstellung ist, muss ich ein bisschen über das Zusammenspiel des materiellen und feinstofflichen Bereichs eines Menschen erzählen. Ich teile den Menschen hierzu in nur zwei Körper ein: den materiellen und den feinstofflichen. Diese beiden Körper agieren bei bewussten Tätigkeiten im Idealfall Hand in Hand. Beide Körper arbeiten in ihrem jeweiligen Einflussbereich auf dasselbe Ziel hin. Wenn Sie beispielsweise erschrecken, so zucken Sie zusammen und ziehen Ihren Kopf zwischen die Schultern, um sich zu schützen. Der feinstoffliche Körper bereitet sich ebenso auf Unerwartetes vor, nur ist Zusammenzucken gegen feinstoffliche Überraschungen nicht schützend. Er verändert stattdessen beispielsweise seine Dichte, verkleinert Angriffsflächen, indem Schwachstellen verborgen werden, oder wird durchlässiger. Beide Körper reagieren parallel aber unterschiedlich, der jeweiligen Situation entsprechend.

Das ist eine der Grundlagen für Runenstellungen. Indem Sie mit Ihrem materiellen Körper die Rune nachstellen, machen Sie Ihren feinstofflichen Körper für die Energie der Rune aufnahmebereit. Dadurch sind Sie der Energie der Rune näher und können sie auch entsprechend leichter nutzen bzw. kann die Kraft der Rune durch Sie wirken. Die zweite Grundlage der Runenstellungen beruht auf den materiellen und feinstofflichen Energiebahnen des Körpers. In jeder alten Kultur waren diese Energiebahnen bekannt und wurden für viele Zwecke genutzt. Heute werden sie hauptsächlich der chinesischen Medizin zugeordnet und in ihrem Rahmen zur Heilung verwendet. Qi Gong ist eine der bekanntesten Arten, über Körperübungen diese Energiebahnen zu stärken, zu heilen und dadurch auf den ganzen Körper einzuwirken.

Aber auch bei den Techniken, die Shaolin-Mönche verwenden, geht es nur darum, diese Energiebahnen durch körperliche Übungen zu stärken und dadurch eine übernatürliche Kraft zu entwickeln. Die Runenübungen sind das Gleiche, nur dass sie aus der europäischen Vergangenheit kommen. Die in diesem Buch gezeigten Stellungen ähneln sehr oft den Runenformen. So wie hier gezeigt, wurden sie schon vielfach publiziert und angewandt. Aber wie bei dem Verständnis der Runenenergie sollten auch bei jeder Runenstellung individuelle Abwandlungen erprobt und verwendet werden.

Der Arbeitsablauf:

Gehen Sie gleich vor, wie in der vorigen Meditationsübung beschrieben. Machen Sie das Ganze aber nicht im Sitzen, sondern stellen Sie die Rune mit Ihrem Körper. Verwenden Sie die Intonierung zur Erlangung der Gedankenfreiheit. Als Meditation intonieren Sie die Rune und visualisieren Sie dieselbe. Achten Sie vor allem auf Ihr Gespür. Wenn Sie die vorhergehenden Runenübungen schon gemacht haben oder auf andere Weise sensitiv genug sind, dann werden Sie die Kraft jeder einzelnen Rune rasch am eigenen Körper erfahren! Diese Übung ist gut dazu geeignet, die energetischen Strukturen, die jede einzelne Rune hervorruft, erspüren zu lernen.

Das Raunen der Runen

Das Raunen der Runen wurde im Laufe der Zeit oft erwähnt aber nur selten genauer beschrieben. Entstanden ist es aus den alten, heiligen Runengesängen, wo mit Hilfe des Klanges der einzelnen Runen magische Effekte erzielt wurden. Im Laufe der Zeit bemerkten die Praktizierenden, dass die durch den Gesang erzeugten Kräfte durch das innere Volumen, oder besser gesagt durch die innere Vibration des Klanges, verstärkt werden konnten. So entstand die Technik des magischen Vibrierens, welche heute in die verschiedensten modernen magischen Praktiken übernommen wurde. Bei der Vibration geht es darum, den Klang, den eine Rune bei ihrem Gesang auslöst, nicht nach außen sondern nach innen zu richten und den eigenen Körper möglichst effizient als Resonanzraum zu verwenden.

Begonnen wird am einfachsten mit dem lauten Singen der Runen. Sobald das gesamte Stimmvolumen für diesen Gesang verwendet wird, beginnt der gesamte Brust- und Bauchraum zu vibrieren. Wenn Sie eine Hand auf die Brust und die andere auf den Bauch legen, können Sie es schnell erspüren. Auch die Tonlage, in der gesungen wird, bestimmt die Stärke der Vibration. Suchen Sie sich die Tonlage aus, die Ihren Körper am stärksten in Schwingung versetzt. Wenn Sie es erreicht haben, dass Ihr Körper richtig zu vibrieren beginnt, versuchen Sie das gleiche mit geschlossenem Mund. Schon ist der Beginn des Raunens erreicht. Mit etwas Übung kann das Raunen überall, ohne Aufsehen zu erregen, eingesetzt werden. Sie werden dabei bemerken, dass sich auch Ihre Lippen dabei kaum bewegen, trotzdem achten Sie darauf, nicht ins Flüstern zu verfallen, denn es kommt auf die Bewegung der Stimmbänder und die innere Resonanz an und nicht darauf, ob jeder einzelne Buchstabe des Runennamens verständlich

ausgesprochen wurde. Verschiedene Buchstaben sind ohnehin praktisch nicht hörbar, wie beispielsweise das "p". Wichtig ist, dass Sie diesen eigenen besonderen Klang der Rune durch die Vibration in Ihrem gesamten Körper fühlen können.

Der Arbeitsablauf:

Als Runenübung vollziehen Sie die Meditationsübung wie oben beschrieben. Nur zu der eigentlichen Runenmeditation (Punkt 3) fügen Sie das Raunen der Rune hinzu.

Fortgeschrittene Techniken

Die in diesem Kapitel beschriebenen Anwendungen erfordern schon einiges an Erfahrung im Umgang mit den Runen. Bei einigen der folgenden Anwendungen, wie beispielsweise im Kapitel über die Aktivierung von Runen, habe ich mehrere Varianten beschrieben, die zum selben Ergebnis führen. Jeder Anwender soll dadurch die Möglichkeit haben, die für ihn passenden Methoden auszusuchen. Außerdem möchte ich damit zeigen, dass es in jeder Anwendung nicht nur einen Weg gibt sondern viele verschiedene. Jeder Leser kann natürlich seine individuelle Arbeitsweise entwickeln. Dafür möchte ich die folgenden Zeilen als Hilfestellung geben:

Besteht der Wunsch, die beschriebenen Arbeitsabläufe zu verändern oder mit anderen Gebieten zu kombinieren, wie zum Beispiel mit Farben oder Zahlen, empfehle ich, sich in die passende Fachliteratur einzulesen. Erst dann sollte die Kombination vorgenommen werden.

Der Verweis auf Fachliteratur gilt auch für den Kern der magischen Arbeit. Trotzdem möchte ich an dieser Stelle zumindest das Prinzip einer magischen Handlung erklären. Von einer magischen Handlung spricht man, wenn etwas dreidimensional ausgeführt wird.

Hiermit sind nicht etwa die ersten drei Raumdimensionen (Länge, Breite, Höhe) gemeint, sondern die drei Dimensionen unseres Seins.

> Die erste und uns am besten bekannte Ebene ist die materielle. Ihr wird in unserer Gesellschaft oft die meiste Aufmerksamkeit gegeben. Es ist die Welt, die wir sehen und berühren können – inklusive unseres Körpers.

> Die nächste Ebene ist dann die Astralebene. Dieser feinstoffliche Bereich besteht aus Gefühlen, Emotionen und emotionalen Strukturen. Natürlich hat jeder Mensch auch in dieser Ebene einen eigenen Körper – eben den Astralkörper.

Die dritte Ebene der Existenz ist die sogenannte Mental-
ebene. Dieser ebenfalls feinstoffliche Bereich besteht aus
Gedanken und mentalen Strukturen. Gleich wie bei der
Astralebene hat jeder Mensch auch hier einen eigenen
Körper – den Mentalkörper.

Alles, was in der materiellen Welt existiert, besteht aus diesen drei
Ebenen Körper, Seele und Geist. Diese drei Ebenen sind nicht
getrennt voneinander, aber sie gehen auch nicht vollkommen synchron.
Sobald eine Tätigkeit mit allen drei Körpern, dem materiellen, dem
mentalen und dem Astral-Körper synchron gemacht wird, ist es eine
dreidimensionale Handlung und somit eine magische.
Bei den Runen gilt dasselbe. Sie können ihre volle Kraft erst dann entwickeln, wenn sie in allen drei Ebenen verankert sind. Spätestens jetzt
sollte jedem Leser klar sein, warum es so wichtig ist, sich mit den
Runen persönlich zu beschäftigen. Das unterscheidet auch eine ernsthafte Runenanwendung vom bloßen gedankenlosen Ritzen eines mystischen Symbols. Es ist allerdings meine Pflicht, jeden Empfänger dieses Wissens darüber zu informieren, dass er damit auch eine Verant-
wortung übernimmt. Das Gesetz des Karmas wird bei dreidimensio-
nalen Anwendungen noch einmal um vieles beschleunigt und verstärkt. Menschen, die den freien Willen anderer Lebewesen missachten
oder anderen Lebewesen sogar Schaden zufügen, bekommen das
Gesetz des Karmas ("Was du säst, das wirst du auch ernten!" oder
"Gleiches wird mit Gleichem vergolten!") sehr schnell zu spüren.
Karma ist sehr neutral, es ist einfach nur ein geistiges Gesetz und
gleich wie bei einem physikalischen Gesetz tritt es einfach in Kraft. Die
Funktionsweise von Karma ist relativ einfach. Auf jede Ursache folgt
eine entsprechende Wirkung und diese Wirkung wird auf den Urheber
zurück reflektiert.

Binderunen

Über Binderunen wurde schon vieles geschrieben und vielfach wurde das Thema nur kurz angesprochen, denn gerade hier kommt der Umstand so klar wie nirgendwo anders bei der Runenarbeit zum Vorschein, dass es etwas sehr Persönliches, Subjektives ist und exakten allgemeinen Beschreibungen trotzt.

Binderunen werden größtenteils bei der Herstellung von Talismanen benutzt, wo die Summe von mehreren Runen wirken soll. Binderunen sind nichts anderes als verschmolzene Einzelrunen, d. h. sie teilen sich eine oder mehrere Linien. Dadurch, dass mehrere Runen zu einem Symbol zusammengefasst werden, kommt es zu einer Art Summen-wirkung, welche etwas differenzierter wirkt als die der verwendeten Einzelrunen. Prinzipiell geht man von der Wirkung einer Rune aus und verfeinert diese mit dem Anschmelzen einer weiteren Rune.

Spätestens hier wird deutlich, wie wichtig die Erfahrung des Herstellers ist, denn bei der Arbeit mit Binderunen entsteht eine kleine Geschichte oder ein Gedicht. Erfahrungsgemäß besteht eine Binderune aus 2 bis 4 Einzelrunen. Mehr sollten nicht verwendet werden. Der Grund ist, dass die Komplexität der Binderune schon sehr hoch ist und sich dadurch noch viele andere Runen bilden. Auch die Bedeutung erreicht einen Grad, der schon sehr schwer fassbar ist. Es schleichen sich leicht Fehler und Missdeutungen ein. Dadurch werden im Zweifelsfall auch von erfahrenen Runenanwendern lieber mehrere verschiedene Binderunen benutzt. Wie schon angedeutet, entstehen bei der Herstellung von Binderunen unweigerlich auch zusätzliche Runen, die von vornherein nicht gewollt sind, aber trotzdem ihre Wirkung entfalten. Ihre Bedeutungen sollten bei der Erstellung des Deutungsbildes mit einbezogen werden. Wenn das nicht möglich ist oder die Rune eventuell der beabsichtigten Wirkung entgegenläuft, muss sie vermieden werden.

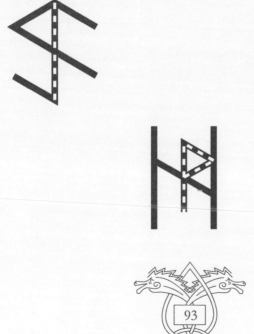

Es gibt einige Runen, die beinahe unvermeidlich sind und praktisch in jeder Binderune vorkommen, wie beispielsweise die Rune Isa. Wenn in diesem Fall die Rune kontraproduktiven Einfluss auf die Binderune hat, so ist es möglich, die Wirkung der Rune etwas zu dämpfen, indem bei der Segnung oder Aktivierung des Talismans auf diese Rune nicht eingegangen – sie praktisch vergessen – wird. Dazu gleich ein paar Worte zur Segnung und Aktivierung von Gegenständen mit Binderunen: Bei Eindeutigkeit der Binderune ist der Vorgang beinahe derselbe wie bei einer Einzelrune. Die Unterschiede sind der Name der Rune und ihr Affirmationsbild mit dem dazugehörigen Gefühl. Als Namen kann entweder eine Verbindung aus den Runennamen gemacht werden oder jede Rune wird einzeln mit ihrem Namen kombiniert in der Binderune nachgezogen. Das Affirmationsbild und das Gefühl dazu müssen aus der entstandenen Aussage der Binderune abgeleitet werden. Oft ist es gut, sich vor der Arbeit mit einer Meditation in die Aussage der Binderune zu versetzen, um das Gefühl zu erforschen, das sie auslöst. Ist die Binderune nicht ganz eindeutig und die Wirkung von entstandenen Runen soll gedämpft werden, so arbeitet man beim Visualisieren mit der folgenden Technik:

> Visualisieren Sie alle beinhalteten Runen gleichzeitig und stellen Sie sich vor, wie Sie sich nähern und zu der Binderune verschmelzen. Ob sich alle gleichzeitig nähern oder die Binderune Stück für Stück aufgebaut wird, ist egal.

> Dann heben Sie in der Binderune jede beabsichtigte Einzelrune einmal aufleuchtend hervor.

> Nun wird vor dem geistigen Auge die Binderune in das ermittelte Bedeutungsbild oder eine entsprechende Symbolik dafür verwandelt.

Konstruktion

Nachdem allein schon die Geometrie bei der Herstellung einer energetisch richtigen Binderune oft Probleme verursacht, empfehle ich bei
der Konstruktion einer solchen Rune das Rad des Lebens (Kapitel 3)
zu Hilfe zu nehmen und die Binderunen in diesem Gitter zu konstru-
ieren. Im Zweifelsfall kann dieses Modell auch in jede beliebige
Richtung erweitert werden, dass auch besonders große Binderunen-
formen darin Platz finden.

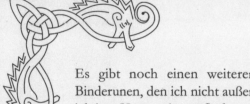

Es gibt noch einen weiteren Aspekt bei der Herstellung von Binderunen, den ich nicht außer Acht lassen möchte, nämlich das subjektive Harmonieempfinden. Die erstellte Binderune muss dem Erschaffer selbst wirklich gefallen, erst dann ist sie auch von seinem Unterbewusstsein als "wahr" angenommen.

Manchmal finden sich auch Binderunen, die konstruiert werden, indem einfach bei einem X oder einem Stern jeder Zweig in eine Rune verwandelt wird. Es existieren Binderunen, die auch nach dieser Methode erstellt werden könnten, aber der größte Teil dieser Konstruktionen ist eine einfache Verknüpfung der Einzelrunen. Die Einzelrunen wirken dementsprechend so als ob sie nebeneinander geschrieben wären und haben mit einer Binderune nichts zu tun. Die Darstellungsweise ist allerdings überaus kreativ und lässt sich gut in künstlerische Anwendungen einbauen. Als ernsthafter Runenanwender sollte bei der Benutzung solcher Konstruktionen allerdings bedacht werden, dass die Einzelrunen durch eine Gebo oder eine (alternativ geformte) Hagalaz verknüpft sind, was natürlich auch eine Wirkung hat.

Wie man sieht, ist die Herstellung von Binderunen auch eine Übungssache. Versuchen Sie ruhig, einmal ein paar Binderunen zu entwerfen und zu deuten.

Seelische Belastungen und Runen

Fürchten Sie sich im Dunklen? Haben Sie oft Ängste?

In diesem Kapitel möchte ich darauf eingehen, wie die Runen in alltäglichen Krisensituationen hilfreich eingesetzt werden können. Das Thema Angst ist nur ein Beispiel dafür, weil es viele Menschen betrifft. Die hier beschriebenen Techniken lassen sich gegen die Volkskrankheit Depression genauso effizient einsetzen wie gegen Panikattacken, Zornausbrüche und viele ähnliche belastende Zustände. Die Liste von Problematiken, bei denen diese Methode hilfreich ist, könnte lang fortgesetzt werden, weil auch kleinere Schwierigkeiten, wie Aufregung und Nervosität darunter fallen.

Die Lösung solcher Probleme muss zwangsläufig in mehreren Schritten in Angriff genommen werden.

1 - Energetische Form feststellen

Versuchen Sie, eine Rune zu finden, die dem fraglichen Problem entspricht. Dafür ist es natürlich erforderlich, die energetische Struktur jeder Rune zu kennen.

Wenn es Ihnen nicht sofort gelingt, so macht das gar nichts. Wichtig ist nur, dass Sie sich diesen ersten Schritt merken. Wenn Sie bemerken, dass sich das zu lösende Problem wieder einmal nähert, dann erinnern Sie sich an diesen ersten Schritt und versuchen direkt in der Situation eine Zuordnung zu finden. Beim ersten Mal erscheint es vielleicht etwas schwierig, eine Rune zu finden, die beispielsweise einer Depression oder einer Panikattacke entspricht. Es kann hierfür auch keine genauen Regeln geben, denn solche Zustände sind individuell oft

97

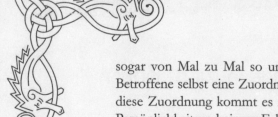

sogar von Mal zu Mal so unterschiedlich, dass nur der Betroffene selbst eine Zuordnung entdecken kann. Durch diese Zuordnung kommt es zu einer guten Klärung der Persönlichkeit und einem Erkenntnisprozess.

2 - Ursprung finden

Hören Sie genau in sich hinein und stellen Sie fest, ob das, was Sie plagt, wirklich aus Ihnen selbst kommt. Oder ob es vielleicht von Außen auf Sie einwirkt und Sie nur ein Resonanzkörper dafür sind. Ich konnte schon in vielen Fällen beobachten, wie speziell bei emotional eng verbundenen Menschen, wie bei guten Freundinnen oder unter Verwandten, die verschiedensten Problemzustände geteilt werden. Meistens sind sich Menschen des Umstandes nicht bewusst, dass sie Emotionen anderer aufnehmen und ausleben. Es ist dieselbe Verbindung, die eine Mutter zu ihrem Kind hat. Jeder weiß, dass, wenn es einem Kleinkind schlecht geht, die Mutter instinktiv darüber Bescheid weiß. Oder dass eine Mutter in der Nacht aufwacht, bevor ihr Säugling zu schreien beginnt.

Wenn jemand über dieses Prinzip Bescheid weiß und die Sorgen anderer freiwillig aufnimmt, so ist das für den einen oder anderen Fall wohl in Ordnung. Es lauern hierbei aber mehrere Gefahren, auf die ich kurz hinweisen will. Nimmt man von jemandem regelmäßig negative Zustände zum Beispiel Depressionen auf, so wird der betreffenden Person die Möglichkeit genommen, selbst damit umzugehen zu lernen. Solange sich immer jemand findet, der das Leid teilt oder zum großen Teil sogar abnimmt, besteht ja auch keine Notwendigkeit dafür. Was noch dazu kommt ist, dass die eigene Gesundheit

gefährdet ist. Diverse psychische Störungen wirken sich unumstritten auf den Körper und seine Organe aus. Dabei ist es egal, woher die Störungen kommen.

Ein weiterer Punkt muss noch erwähnt werden. Nämlich der, dass ein Gewöhnungseffekt eintritt, der über kurz oder lang tatsächlich zu eigenen Beschwerden führt. Speziell bei Menschen, die es mit der Hilfsbereitschaft etwas übertreiben und jeden Schaden von anderen abhalten wollen, entwickelt es sich rasch zu zerstörerischer Selbstaufopferung. Übertriebenes "Samaritertum" richtet mehr Schaden an, als es hilft, besonders wenn nur Symptome geteilt werden, anstatt die Ursache zu lösen.

3 - Lösungsstrategie entwerfen

Sobald Sie die Natur des Problems erkannt haben, geht es darum, eine Taktik zu entwickeln, wie das Problem gelöst werden kann. Hierfür zeige ich einige Beispiele. Die sind allerdings nicht die einzigen Möglichkeiten. Der eigene Einfallsreichtum ist gefragt, um maßgeschneiderte Strategien zu finden. Die Beschreibungen sind absichtlich etwas ungenau gehalten, um dem Anwender die Notwendigkeit des Nachdenkens nicht abzunehmen und voreilige Schlüsse (Rune A hilft gegen Beschwerde G) zu verhindern. Dafür werde ich versuchen, die Thematik mit bildlichen Analogien zu beschreiben, um leichtere Denkansätze zu bieten.

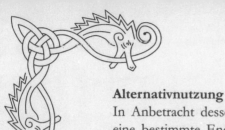

Alternativnutzung

In Anbetracht dessen, dass jedes Problem ebenso nur eine bestimmte Energieform ist, die wir noch dazu in Schritt 1 schon eingeordnet haben, liegt es nahe, es in anderer Form auszuleben. Im ersten Schritt haben Sie die Problematik einer Rune zugeordnet. Überlegen Sie, was die positiven Aspekte dieser Rune sind und finden Sie dementsprechende Tätigkeiten. Bei der Ausführung dieser Tätigkeiten werden Sie genau die Energie einsetzen, die sich ansonsten in Ihrem bekannten Problem entladen hätte.

Immunisierung

Der Problemzustand ist nur deshalb belastend, weil Sie an dem entsprechenden Angriffspunkt eine Schwachstelle haben. Die Art der Schwachstelle haben Sie in Schritt 1 ja schon geklärt. Welche Kraft fehlt Ihnen, um diesen Schwachpunkt auszugleichen? Suchen Sie die entsprechende Rune und stärken Sie sich mit ihr. Wenn Sie die richtige Energiestruktur in sich aktivieren, dann sind weitere Angriffe auf dieselbe Schwachstelle nicht mehr belastend und Ihr Problem ist verschwunden.

Abschirmung

Für jeden energetischen Zustand gibt es mindestens eine für ihn unüberwindliche Rune. Jedesmal wenn Sie erkennen, dass sich das Problem wieder aufzubauen beginnt, benutzen Sie eine oder mehrere Runen als Schild oder Schutzkreis dagegen. Im Laufe der Zeit wird sich der Vorgang automatisieren und der unangenehme Zustand wird nicht mehr an Sie herankommen können.

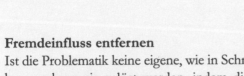

Fremdeinfluss entfernen

Ist die Problematik keine eigene, wie in Schritt 2 beschrieben, so kann sie gelöst werden, indem die Verbindung zum Urheber getrennt wird. Das führt dazu, dass sich im Regelfall die Problematik in kürzester Zeit von selbst auflöst. Um es bildlich darzustellen: Stellen Sie sich vor, dass an Ihnen mehrere Schläuche angeschlossen sind, über die das Problem ständig zu Ihnen gelangt. Nun überlegen Sie, welche Rune diese Schläuche kappen könnten. Oder welche Ihnen helfen würde, den Schläuchen keine Anschlussmöglichkeit mehr zu bieten.

4 - Aktivierung der Runenkräfte

Wenn Sie eine Strategie gefunden und eine oder mehrere Runen dafür ausgewählt haben, können Sie die Kräfte der Runen nun aktivieren. Welche Technik der Runenanwendung eingesetzt wird, ist wieder in kein exaktes Reglement zu pressen. Einerseits ist es in einer Krisensituation nicht immer einfach, das hier Beschriebene anzuwenden und andererseits muss jeder seine bevorzugte Methode finden. Einige Beispiele für mögliche Techniken:

Ein Talisman

Ein gesegneter Talisman ist für diese Anwendungsfälle geradezu prädestiniert. Die Herstellung und Segnung habe ich schon früher beschrieben. Die Anwendung sollte also kein Problem darstellen. Ein Talisman ist hier sehr praktisch. Wenn er einmal hergestellt ist, braucht er im Bedarfsfall nur noch verwendet werden.

Wasser

Wie ebenfalls schon beschrieben kann die Wasseranwendung hier genauso eingesetzt werden. Ein Glas Wasser ist rasch gesegnet oder ein dafür bereitliegender Runenstein kann in einem Wasserkrug seine Wirkung sofort beginnen.

Runenstellungen

Bei den Runenübungen habe ich die Anwendung der Runenkörperstellungen beschrieben. In schwierigen Situationen ist es nur selten möglich, eine Runenübung komplett durchzuführen. Die Rune zu stellen sollte aber fast immer möglich sein. Je mehr man von der ganzen Übung durchführen kann, umso besser.

Visualisieren

Gerade bei der Abwehr- und Immunisierungsstrategie ist diese Methode schnell und zuverlässig einsetzbar. Sie setzt allerdings ein gutes, bildliches Vorstellungsvermögen voraus. Bei dieser Technik stellen Sie sich einfach die Rune so deutlich wie möglich vor Ihrem geistigen Auge vor. Je deutlicher das Bild für Sie ist, umso besser.

Nach einiger Übung können Sie mit dem visualisierten Bild zu spielen beginnen: kreisen Sie sich ein mit Runen, lassen Sie sich von einer umrunden, sie vor Ihnen aus dem Boden wachsen und vieles mehr. Der Phantasie sind keine Grenzen gesetzt.

Jedes seelische Problem lässt sich mit diesen Hilfsmitteln beherrschen. Wenn das Problem Ihnen trotzdem weiter Kraft raubt, kann es sein, dass Sie noch etwas mehr persönliche Erfahrung mit den Runen benötigen (siehe Kapitel den Zugang finden). Oder Sie haben das Problem nicht ausreichend analysiert und Ihr Lösungsansatz hat dadurch erst die Oberfläche der Problematik bekämpft.

5 - Überprüfung

Die hier beschriebene Technik bekämpft die Symptome verschiedenster Problematiken auf eine ausgezeichnete und rasch wirkende Art und Weise. Durch die Runen kräfte werden aber auch Eingriffe in tiefere energetische Zusammenhänge vorgenommen. Diese zeigen auf indirektem Wege häufig die Ursache eines Problems. Oft kommt es durch sie sogar zu einer Lösung der Ursache. Manchmal ist es allerdings erforderlich, etwas hartnäckiger zu sein, denn schwerwiegende Probleme werden solange wirksam sein, bis ihr Ursprung gelöst ist. Dieses Lösen des Ursprungs ist vor allem dann notwendig, wenn Sie ein Problem wirklich im Griff haben und Sie bemerken, dass der belastende Zustand Sie weiterhin regelmäßig heimsucht. Ihre nächste Aufgabe ist dann, die Ursache zu finden und sie mit denselben hier beschriebenen Techniken zu lösen.

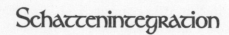

Schattenintegration

Als Schattenbereich werden verborgene meist unbewusste Eigenschaften jedes Menschen bezeichnet. Durch C. G. Jung ist auch in der modernen Psychoanalyse die Existenz des Schattens mit seinen Auswirkungen bekannt. Warum Sie sich mit Ihrem Schatten auseinandersetzen sollten, ist leicht erklärt. Die Schattenarbeit ist erforderlich, um ausgeglichener zu werden, sich ständig wiederholende Ärgernisse zu überwinden und dadurch ein erfüllteres Leben zu erreichen. Das ist auch eine Grundvoraussetzung dafür, spirituelles Wachstum zu ermöglichen. Am Markt gibt es viele Bücher und Seminare, die sich ausschließlich mit diesem Thema beschäftigen und auch verschiedenste Methoden zur Bewältigung anbieten. Auch die Runen können ein hervorragendes Werkzeug zur Integration des Schattens sein. Die Runen bieten gerade bei diesem Thema einen besonderen Vorteil, da sie mit ihrer nicht polarisierenden Wirkung eine Bewusstmachung provozieren. Das hilft dabei, den eigenen Schatten zu integrieren und ihn als Teil von sich selber zu sehen, anstatt in die Falle zu tappen, ihn unterdrücken zu wollen.

Unterdrücken würde sich als großer Fehler herausstellen.

1 - Erkennen

Nachdem sich kaum jemand über seinen eigenen Schatten vollständig bewusst ist, muss dieser zuerst in seinem groben Umfang erkannt werden. Es ist nicht erforderlich, die winzigsten Nuancen auf Anhieb zu kennen. Es reichen für den Anfang die großen Brocken. Die bewussten Teile ihres Schattens sind die Eigenschaften von Ihnen, die Sie an sich selbst als störend empfinden.

Um die unbewussten Schattenbereiche zu erkennen, müssen Sie in den Spiegel der Umwelt blicken. Das bedeutet, dass alle Ihre eigenen Eigenschaften von Ihrer Umwelt auf Sie reflektiert werden. Auch der eigene Schatten ist davon betroffen. Also alle Eigenschaften, die Sie bei anderen Menschen als störend empfinden und alle Situationen, die Ihnen von Ihrer Umwelt präsentiert werden, einfach alles, was Sie aufregt oder ärgert, gehört zu Ihrem eigenen Schatten.

Es gibt noch viele andere Bereiche, die man zum Schattenbereich zählen könnte. Aber für den Anfang reichen diese beiden besonders wichtigen Sparten. Im Laufe der Zeit werden Sie selbst immer mehr Eigenschaften finden, die Sie als Schatten erkennen und dann zu diesen beiden Gruppen addieren.

2 - Notieren

Es ist besonders wichtig, alle erkannten Schattenbereiche zu notieren. Erst dadurch gelangen sie wirklich in Ihr Bewusstsein und können bearbeitet werden. Besorgen Sie sich hierfür ein leeres Buch, ein Notizheft, oder was Ihnen sonst dafür geeignet erscheint. Wenn Sie ein Tagebuch führen, so können Sie ohne weiteres ein paar der letzten Seiten dafür reservieren.

Wie Sie Ihre Schattenbereiche zu Papier bringen, ist Ihnen selbst überlassen. Wichtig dabei ist nur, dass Sie zu sich selbst ehrlich sind und wirklich alles notieren. So oft wie möglich, am besten täglich, sollten Sie neu erkannte Schatten hinzufügen und schon integrierte Bereiche streichen. So werden Sie im Laufe der Zeit ein sehr genaues Bild über sich selbst und ihren Fortschritt erhalten.

3 - Integrieren

An einem Zeitpunkt, der Ihnen günstig erscheint, wählen Sie aus Ihren Aufzeichnungen einen Schattenbereich aus und ordnen ihn einer entsprechenden Rune zu. Wenn Sie die entsprechende Rune Ihren Aufzeichnungen hinzufügen, ist es nach einiger Zeit interessant zu überprüfen, ob mehrere Bereiche Ihres Schattens dasselbe Grundthema haben, oder ob Sie durch die zugeordneten Runen irgend ein System in Ihrem Schatten erkennen. Durch diese Beobachtungen lernen Sie sich wieder ein Stückchen besser kennen. Die eigentliche Integration ist ähnlich wie bei der Runenmeditation.

Beginnen Sie mit der Gedankenfreiheit (siehe Kapitel Meditation), um zur Ruhe zu kommen.

Nun geben Sie dem entsprechenden Schattenbereich ein Bild. Es ist hierbei egal, ob der Schatten durch eine Szene, ein Symbol oder ein anderes gedankliches Bild repräsentiert wird. Wichtig dabei ist, dass das Bild für Sie wahr und so plastisch wie möglich erscheint.

Stellen Sie sich vor, wie die von Ihnen ausgewählte Rune zwischen Ihnen und diesem Bild steht.

Nun stellen Sie sich vor, wie Sie das Bild durch diese Rune in sich aufsaugen. Wobei das Bild beim Durchdringen der Rune mit dieser verschmilzt und sich in ein für Sie positives Bild verwandelt, bevor es in Ihren Körper eindringt.

Versuchen Sie nun, dieses durch die Rune in das positive verwandelte Bild in Ihrem Körper zu sehen.

Gehen Sie als Abschluss wieder in die Gedankenfreiheit.

Kehren Sie langsam wieder in Ihr Tagesbewusstsein zurück.

4 - Beobachten

Sobald Sie mit der Integration des Schattens begonnen haben, sollten Sie bereits integrierte Bereiche weiter beobachten. Jedesmal wenn Ihnen eine für einen Bereich typische Situation begegnet, achten Sie, wie Sie darauf reagieren. Wenn die Situation nach wie vor ein Schatten-bereich ist, so können Sie versuchen, die Situation an Ort und Stelle mit der zugeordneten Rune anders darzustel-len. Verlassen Sie sich einfach auf Ihre Fähigkeiten und die Magie der Runen. Visualisieren Sie die Rune um sich herum, aus Ihnen heraus oder auf eine Symbolik der ent-sprechenden Situation.

Wichtig: Visualisieren Sie die Rune nicht auf eine andere Person, denn die hat mit Ihrem Schatten nichts zu tun. Sie hat ihn Ihnen nur gezeigt, wofür Sie ihr eher dankbar sein sollten.

Können Sie mit dieser Methode eines Schattens nicht Herr werden, so sollten Sie sorgsam überlegen, ob Sie die richtige Rune zugeordnet oder den Schattenbereich noch nicht ganz getroffen haben.

Wunschverwirklichung

Die Kräfte der Runen können auch zur Verwirklichung von Wünschen eingesetzt werden. Natürlich bringen sie keinen Goldregen oder zaubern Autoreparaturen hervor. Sie erfüllen Wünsche auf natürliche Art und Weise. Der Verwirklichung eines Geldwunsches entspricht am ehesten ein Geldgewinn oder eine Rückzahlung alter Schulden.

Das Beispiel Geld ist hierbei absichtlich gewählt, denn das ist etwas, was den meisten Menschen beim Begriff Wunsch als erstes einfällt. Daraus ergibt sich schon die erste wichtige Frage, die man sich selbst beantworten muss. Ist es wirklich ein erfüllenswerter Herzenswunsch, oder einfach nur eine praktische Idee? Was ist Ihnen wichtiger als die Erfüllung dieses Wunsches? Denken Sie genau darüber nach, denn viele unsere Wünsche entspringen oft nur klischeehaften Vorstellungen und was wir wirklich ersehnen wird dahinter meist vergessen. Ein einfaches Beispiel: Wenn Sie ein neues Auto haben wollen, so wünschen Sie sich ein neues Auto und nicht das Geld, das Sie für den Kauf benötigen. Sie können sich wünschen, was Sie wollen, aber lassen Sie es offen, auf welche Art und Weise sich das Ergebnis einstellt. Wenn Sie zum Beispiel in Ihrem Job unglücklich sind, so wünschen Sie sich nicht einen anderen Job, einen anderen Kollegen oder einen neuen Vorgesetzten. Wünschen Sie sich einfach, in Ihrem Job glücklich zu sein. Als nächstes müssen Sie Ihren Wunsch richtig formulieren. Das ist manchmal gar nicht so einfach, denn es gilt ein paar Regeln einzuhalten:

Die Wunschformulierung muss in der Gegenwartsform erfolgen (ich bin gesund, Friede innerhalb meiner Familie).

Geben Sie dem Wunsch ausreichend Zeit. Durch Ihren eigenen Zweifel arbeiten Sie ansonsten unterbewusst gegen seine Verwirklichung.

Der Wunsch muss positiv formuliert sein. Worte wie "kein" oder "nicht" existieren bei solchen Praktiken nicht. Eine der wenigen funktionierenden Formulierungen ist noch "frei von" (frei von Nikotinsucht, unfallfreie Reise).

Der Wunsch wird so verwirklicht, wie Sie ihn formulieren, also achten Sie darauf, was Sie sich wünschen. Sie werden nämlich genau das bekommen. Leiden Sie zum Beispiel unter Schlafstörungen und wünschen sich "ausreichend Schlaf" so könnte es sein, dass sich an Ihrem Problem nichts ändert, weil vier Stunden für Sie ausreichend sind. In diesem Fall würde der Wunsch "die Nacht durchschlafen" bessere Ergebnisse erzielen.

Der Wunsch darf nicht den freien Willen einer anderen Person verletzen, selbst wenn es gut gemeint ist.

Haben Sie Ihren Wunsch in einen richtigen Satz gekleidet, so ist Ihre nächste Aufgabe, eine entsprechende Rune zu finden, die Ihnen bei der Verwirklichung Ihres Wunsches behilflich sein kann.
Es ist nicht immer einfach, denn oft gibt es mehrere Runen, die in Frage kommen. Manchmal lässt sich auch keine richtige finden. Das sollte Sie aber nicht entmutigen. Sie können überzeugt sein, dass es für jeden Wunsch die richtige Rune gibt. Vielleicht muss nur an der

Wunschformulierung etwas gefeilt werden. Versuchen Sie nicht, Runen für vorstellbare Lösungswege zu finden, sondern rein für das entsprechende Wunschbild. Die Rune muss Ihrem Wunsch entsprechen und nicht einer Idee, wie dieser sich erfüllen kann. Achten Sie also darauf, nicht in diese Falle zu tappen, der Vorsehung vorschreiben zu wollen, wie sie ihre Arbeit zu machen hat.

Der letzte Teil besteht nur mehr daraus, dass Sie sich regelmäßig, oder zumindest jedes Mal, wenn Ihnen der Wunsch in den Sinn kommt, die entsprechende Rune vorstellen. Sie können die Rune noch dazu intonieren. Seien Sie sich sicher, dass Ihnen die Kraft dieser Rune helfen wird, Ihr Ziel zu erreichen.

Magische Aktivierung

Die Informationen in diesem Kapitel betreffen alle Gegenstände mit Runen, auch wenn ich der Einfachheit halber meist nur Talismane oder Runensteine erwähne. Außerdem muss ich vorher etwas weiter ausholen, um die Komplexität dieses Themas verständlich zu machen.

Grob beschrieben werden normale Talismane in der magischen Praxis in folgenden Schritten hergestellt:

Physische Herstellung des Gegenstandes

Dieser Schritt umfasst als Hauptbestandteil die mechanische Bearbeitung des Talismans.

Programmierung

Der Talisman wird mit einer beliebigen Affirmation, z. B.: "ich bin gesund", geprägt. In diesem Schritt wird die eigentliche Wirkung des Talismans festgelegt. Durch

diese Programmierung entsteht in der feinstofflichen Welt eine Art von Behälter oder Blase. In dieser Blase kann der Talisman seine Energie speichern. Die Theorie ist in allen magischen Systemen dieselbe, aber die exakte Vorgangsweise ist je nach verwendeter Praxis unterschiedlich.

Ladung

In diesem Schritt wird dann die Speicherblase mit Energie gefüllt. Auch hier gibt es wiederum je nach Technik verschiedene Methoden.

Ein auf diese Weise hergestellter Talisman wirkt seiner programmierten Affirmation entsprechend, bis er die gespeicherte Energie in seiner feinstofflichen Blase verbraucht hat. Um die Wirkung zu verlängern oder wieder zu erreichen, muss nur der letzte Schritt wiederholt werden. Der Talisman wird nachgeladen.

Natürlich kann der Talisman anstatt mit einer Affirmation auch mit einer Rune geprägt werden. Der Unterschied besteht darin, dass eine Affirmation eine starre energetische Struktur zur Verfügung stellt, die eine Verwirklichung fördert. Dabei gibt es, vorausgesetzt die Affirmation ist klug ausgewählt, keine Nebenwirkungen.

Wird eine Rune zum Prägen benutzt, kommt es zu einer Wirkung in beide Richtungen (positiv und negativ). Dadurch kann auch die Ursache bewusst werden, die die Verwirklichung des Wunsches bisher verhindert hat. Diese Bewusstwerdung kann vermeiden, dass der erfüllte Wunsch wieder verloren geht. Hier kommt es zu einem Lern- oder Weiterentwicklungsprozess in der eigenen Persönlichkeit.

Ein Runentalisman kann natürlich – gleich wie jeder andere Talisman auch – mit Affirmationen programmiert werden. Ich rate allerdings davon ab, denn es wird dabei nichts anderes gemacht als dem Runengegenstand eine zusätzliche energetische Blase zu geben. Die

Mischwirkung von Runenkraft und Affirmationsprogrammierung führt sehr oft zu unvorhergesehenen Resultaten bzw. kann den Talisman unbrauchbar machen.

Ein beliebiger Gegenstand, der mit nur einer Rune geprägt wurde, hat genau dieselbe Wirkung wie ein Gegenstand, in den die Rune nur physisch eingearbeitet ist. Dies ist beispielsweise eine Variante, die Runenkräfte in Talismanen zu nutzen, ohne dass es äußerlich ersichtlich ist. Schmuckstücke, selbst wenn sie nicht selbst hergestellt sind, lassen sich dadurch einfach in Runentalismane verwandeln. Je mehr Ebenen aktiviert sind, desto stärker wird der Gegenstand sein.

Da es sich bei den Runen um kosmische Schlüssel handelt, funktioniert die Herstellung von einem Runentalisman etwas anders. Eine Rune bezieht ihre Energie nicht aus einer Blase, sondern ist, wie schon beschrieben, eine Energieleitung zwischen feinstofflicher und grobstofflicher Welt. Aus dieser Verbindung bezieht sie ihre Kraft.

Herstellung

Wie bei allen anderen Talismanen ist das die mechanische Bearbeitung des Gegenstandes. Der Unterschied zu normalen Talismanen, die nach der Bearbeitung noch leere Hüllen sind, ist die Fähigkeit der Runen, selber aus der feinstofflichen Welt Kraft zu bekommen. Sobald eine Rune in einen Gegenstand eingearbeitet ist, beginnt sie mehr oder weniger stark zu wirken.

Segnung / Aktivierung

Im vorigen Schritt wurde die Rune, einfach ausgedrückt, in der realen Welt verankert. Bei der Segnung oder Aktivierung geschieht die Verankerung auf der anderen Seite in der feinstofflichen Welt. Der Ablauf einer Aktivierung wird nachfolgend erklärt.

Ladung

Obwohl es nicht notwendig ist kann auch ein Runentalisman geladen werden. Durch die Ladung dehnt sich die Energieleitung für kurze Zeit wie ein Gummischlauch. Es steht dadurch eine Art von Zusatzladung oder Zusatzenergie zur Verfügung.

Aktivierung eines Runengegenstandes

Damit die Runen ihre volle Wirkung entfalten können, müssen sie in der realen und auch in der feinstofflichen Welt ausreichend verankert sein. Eine einfache Verankerung wird schon beim Segnen gemacht, aber erst durch eine Aktivierung entsteht eine vollständige Manifestation der Rune in allen Ebenen.

Die Aktivierung eines Runengegenstandes ist für Ungeübte ein recht schwieriges Unterfangen, da jeweils drei Tätigkeiten gleichzeitig ausgeführt werden müssen. Entsprechend komplizierter wird das Ganze bei der Verwendung von Binderunen.

Daher empfehle ich, eine Aktivierung erst durchzuführen, wenn man ausreichend Erfahrung mit den Runen gesammelt hat. Im Zweifelsfall sollte eher eine Segnung gemacht werden. Diese ist, wenn richtig ausgeführt, wirkungsvoller als eine schlechte oder fehlerhafte Aktivierung.

Ich empfehle, bei der Aktivierung dieselben Umgebungsbedingungen herzustellen wie bei der Segnung.

1 - Herstellung des entsprechenden Umfeldes

Vorbereitung des Arbeitsplatzes, entzünden Sie eine weiße Kerze und wenn Sie möchten, können Sie die höheren Mächte der Runen um Hilfe bitten.

2 - Loslassen

Bevor Sie mit der eigentlichen Arbeit beginnen, sollten Sie sich 2 bis 5 Minuten fallen lassen und die Atmosphäre in sich aufnehmen.

3 - Beginn

Danach legen Sie den zu aktivierenden Gegenstand vor sich auf das Seidentuch.

4 - Aktivieren

Beim Aktivieren werden drei Handlungen in unterschiedlichen Ebenen gleichzeitig ausgeführt. In der materiellen Ebene wird entweder die Rune gestellt, mit dem Finger auf dem zu aktivierenden Gegenstand nachgezeichnet oder darüber in die Luft geschrieben.

In der Astral- oder Gefühlsebene versuchen Sie gleichzeitig, das Affirmationsbild der Rune so genau wie möglich zu erfühlen. Erinnern Sie sich an das Gefühl, das Sie beim Stellen der Rune erfahren haben.

Wiederum gleichzeitig visualisieren Sie, wie sich die Rune oder das Affirmationsbild auf den Gegenstand zu bewegt und sich darin verankert. Das Ganze soll so plastisch und real wie nur möglich sein.

Das Ganze sollte in Ruhe und ohne Hast geschehen. Im Zweifelsfalle beginnen Sie noch einmal von vorne.

5 - Abschließen

Als Zeichen des Abschlusses legen Sie den Gegenstand nun beiseite und geben sich wieder 2 bis 5 Minuten der Entspannung hin.

Werden mehrere Gegenstände, wie z. B. ein gesamtes Set aktiviert, so kehren Sie nun übergangslos zu Punkt zwei zurück.

6 - Beenden

Wenn alle Arbeit getan ist, danken Sie den höheren Kräften für ihre Unterstützung (wenn Sie sie vorher angerufen haben). Blasen Sie nun die Kerze aus.

Noch einmal will ich darauf hinweisen, dass es z. B. bei einem Runen-Set nicht notwendig ist, alle Steine auf einmal zu aktivieren. Der Vorgang ist zeitaufwändig und auch relativ anstrengend. Es ist kein Problem, die Aktivierung in mehreren Etappen an verschiedenen Tagen durchzuführen. Auch soll jedem klar sein, dass bei der Aktivierung eines Gegenstandes zu diesem eine persönliche Verbindung geknüpft wird. Diese Verbindung kann natürlich in beide Richtungen und für positive wie auch negative Zwecke benutzt werden. Man sollte sich also sehr gut überlegen, ob ein aktivierter Gegenstand an jemand anderen weitergegeben wird.

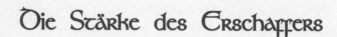

Die Stärke des Erschaffers

Je mehr sich jemand mit den Runen beschäftigt, desto enger wird seine persönliche Beziehung zu ihnen. Das bewirkt, dass Gegenstände, die von dieser Person hergestellt werden, bereits ohne Segnung oder Aktivierung eine stärkere Wirkung haben als andere.

Ein erfahrener Runenanwender wird beim Gedanken an eine Rune schon automatisch verschiedene Assoziationen in seinem Geist bilden und sofort mit der entsprechenden Energie in Kontakt treten. Dadurch geschieht bei der Herstellung praktisch schon eine Segnung des Gegenstandes. Das verleiht diesem natürlich schon ein wesentlich höheres Kraftpotential. Dieser Effekt soll keinesfalls jemanden davon abhalten, seine Gegenstände zu segnen oder zu aktivieren. Im Gegenteil, denn mit zunehmender Erfahrung werden natürlich auch die Segnungen und Aktivierungen intensiver.

Es sollte sich nur jeder ernsthafte Anwender über diesen Umstand im Klaren sein und daran denken, wenn er Gegenstände weitergibt. Die Tatsache, dass er selbst mit der Stärke der hervorgerufenen energetischen Struktur leicht umgehen kann, bedeutet nicht, dass es andere Menschen auch beherrschen. Nach jahrelanger, intensiver Beschäftigung mit den Runen wird dadurch im Zweifelsfall auf Aktivierungen und in seltenen Fällen auch auf Segnungen verzichtet, sofern die Gegenstände nicht für den eigenen Gebrauch oder andere erfahrene Personen bestimmt sind.

Kombination mit anderen Techniken

Kombination mit anderen Techniken

Runen sind ein sehr machtvolles Hilfsmittel. Sie sind so vielseitig, dass sie in beinahe jedem magischen Anwendungsfall eine Unterstützung oder Erleichterung bedeuten. Trotzdem sind sie nur ein Werkzeug von vielen und wenn sich eine Möglichkeit anbietet, andere Techniken in Verbindung mit den Runen zu verwenden, dann soll es einfach versucht werden.

Runen und verschiedene Chi-Techniken

Es existieren viele bekannte Techniken, die mit dem Aufbau von Lebensenergie arbeiten. Meist handelt es sich um Meditationen, Atem- oder Körperübungen, aber auch die meisten Kampfsportarten gehören dazu. Ob es Chi, Ki, Prana, Lebensenergie oder sonst irgendwie genannt wird, ist abhängig von der kulturellen Herkunft und ändert nichts an der Einsetzbarkeit.

Egal mit welcher Technik das Chi aufgebaut wird, es eignet sich sehr gut zum Laden von Talismanen. Das Chi wird entsprechend der praktizierten Technik auf den Talisman übertragen.

Ebenso kann aufgebaute Lebensenergie bei allen Anwendungen hilfreich eingesetzt werden, die seelische Belastungen bekämpfen. Jedesmal wenn Sie mit Visualisierungen arbeiten, können Sie Chi durch diese hindurchfließen lassen, um die Wirkung zu verstärken.

Runen und feinstoffliche Heilmethoden

Die meisten bekannten spirituellen Heilmethoden basieren auf denselben Grundlagen wie die verschiedenen Chi-Techniken. Somit ist praktisch jede Heilenergie gleich wie jede Chi-Technik für viele kombinierte Anwendungen einsetzbar, inklusive der Ladung von Talismanen. Der direkte Einsatz von Runen bei Heilungen ist eine sehr vielversprechende Idee, allerdings ist sie ein zweischneidiges Schwert. Einerseits ist vom Therapeuten sehr viel Erfahrung und Fingerspitzengefühl gefordert, um für jeden individuellen Problemfall die richtige Rune an der richtigen Körperstelle anzuwenden, damit nicht mehr Schaden als Nutzen entsteht. Andererseits sollte sich der Behandelnde im Klaren darüber sein, dass die Kräfte der Runen während einer Behandlung auch auf ihn selbst zurückwirken. Es ist also erforderlich, dass der Anwender genau die energetischen Strukturen kennt, die von jeder Rune ausgehen und damit auch umgehen kann. Jeder Therapeut sollte wissen, wie er es vermeiden kann, eigene Muster auf den Patienten zu übertragen. Viele nehmen in ihrem Enthusiasmus oder ihrer Hilfsbereitschaft allerdings oftmals schädliche Muster von ihren Patienten auf. Das kann sich durch entsprechende Runenkräfte um ein Vielfaches verstärkten.

Runen und Edelsteine

Wie schon vorher angedeutet lassen sich Runen hervorragend mit Edelsteinen kombinieren. Sei es bei der Herstellung von Talismanen, bei der Prägung von Trinkwasser oder bei den verschiedensten anderen Einsatzgebieten von Edelsteinen. Wenn die Prägerune und der entsprechende Edelstein gut ausgesucht sind, wird sich die Wirkung um ein Vielfaches verstärken.

Namensanalyse

Mit der Hilfe der Runen lassen sich in diesem Bereich ebenfalls interessante Ergebnisse erzielen. Mit der hier vorgestellten Methode kann jeder, der selbst nicht genau weiß, wonach er strebt und was ihn glücklich machen könnte, einen brauchbaren Denkansatz finden. Natürlich ist damit auch eine Analyse anderer Personen möglich. Allerdings darf davon weder besonders viel erwartet werden noch darf dies als das Maß aller Dinge angesehen werden. Einerseits lebt nicht jeder Mensch danach, sich geradewegs zu seinen höheren Zielen hin zu entwickeln und andererseits sind das jeweils nur Teilaspekte einer Person, die auf keinen Fall eine Beurteilung darstellen. Außerdem ist uns bereits bekannt, dass es eine "wahre" Deutung ohnehin nicht geben kann und alles mehrere Seiten hat.

Theoretisch ergeben die Anfangsbuchstaben aller Vornamen und der Anfangsbuchstabe des Nachnamens ein Bild, das dem entspricht, wonach die entsprechende Person aus ihrem tiefsten Inneren heraus strebt. Hierzu ein fiktives Beispiel mit einem Phantasienamen:

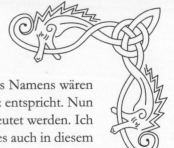

Karl Gustav Arnsberger. Die Anfangsbuchstaben des Namens wären hierbei: K, G, A, was den Runen Kenaz, Gebo, Ansuz entspricht. Nun müssen diese drei Runen nur noch entsprechend gedeutet werden. Ich gebe hier zwei Beispieldeutungen, um zu zeigen, dass es auch in diesem Fall keine absolute Wahrheit gibt.

Beispiel 1:

Dieser Mensch ist sehr kreativ, er besitzt eine gewisse Natürlichkeit bei schöpferischen Tätigkeiten (Ansuz), er steht für gerechten Austausch ein. Er führt oft Geschäfte (Gebo), wenn allerdings etwas nicht funktioniert wie gedacht, verstrickt er sich oft in Ärger, Wut und Rachepläne (Kenaz).

Beispiel 2:

Dieser Mensch besitzt einen unglaublichen Tatendrang, er muss ständig etwas tun, ihm ist nie langweilig (Kenaz). Allerdings ist es oft etwas lästig, da er in seiner überschwänglichen Hilfsbereitschaft ständig anderen Menschen seine Hilfe aufzwingt und nichts dafür annimmt, was vielen Personen nicht recht ist (Gebo). An schlechten Tagen ist kein besonders angenehmes Auskommen mit ihm, da er zeitweise sehr verletzend mit seinen Aussagen wird (Ansuz).

Ich glaube, diese beiden Beispiele verdeutlichen ausreichend, wie unterschiedlich theoretisch richtige Deutungen ausfallen können. Dies sollte allerdings niemanden davon abhalten, diese Anwendung als interessante Übung zu nutzen. Allerdings als Urteilsfindung über seine Mitmenschen ist diese Methode absolut nicht geeignet.

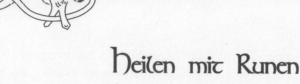

Heilen mit Runen

Bevor ich auf die Möglichkeiten eingehe, wie mit den Kräften der Runen auf verschiedene Problemzonen heilend eingewirkt werden kann, muss ich erst zu den Grundlagen abschweifen und die Entstehung von Krankheiten näher beschreiben.

Wenn sich ein Mensch über etwas in seiner Umgebung ärgert, oder er emotional verletzt wird, so entsteht an einer speziellen Körperstelle eine Schwächung seines feinstofflichen Energiehaushaltes.

Viele Gefühle oder Gedankenmuster können einen solchen Effekt hervorrufen. Redewendungen im Volksmund beschreiben oft recht genau, welche Körperzone wodurch betroffen ist. Sich etwas zu Herzen nehmen, einen Kloß im Hals haben oder sich den Kopf über etwas zerbrechen, sind gute Beispiele dafür.

Geschwächte Körperstellen sind in jeder Beziehung anfälliger als solche mit einem gesunden Energiehaushalt. An den geschwächten Stellen ist dadurch ein erhöhtes Verletzungsrisiko zu bemerken. So kann praktisch jeder "blaue Fleck" ein Hinweis auf eine Schwachstelle sein. Problematischer wird es allerdings erst, wenn die Ursache einer Schwächung nicht behoben wird. Also die emotionale oder mentale Struktur wird nicht aufgelöst und hält über einen längeren Zeitraum an. Es entsteht dann eine sogenannte Energieblockade. Das stellt sozusagen eine Krankheit im feinstofflichen Körper dar. Hellsichtige Menschen können solche Blockaden manchmal sehen. Auch von Therapeuten, die Erfahrung mit Energiearbeit haben, können sie oft erkannt und behandelt werden. Allerdings wird sich eine Blockade immer wieder bilden, wenn die Ursache nicht gelöst und beseitigt wird. Nach einiger Zeit beginnen sich Schwachstellen auch in der psychischen Welt zu manifestieren, was sich dann als biologische Problem-

zone oder Krankheit äußert. Jeder kennt beispielsweise den Zusammenhang zwischen Schwierigkeiten mit dem Magen und Stress.

Hat sich eine Krankheit einmal im physischen Körper manifestiert, dann ist es auf jeden Fall wichtig, diese ärztlich untersuchen und gegebenenfalls medizinisch behandeln zu lassen. Moderne Behandlungsmethoden bieten oft die effizienteste und rascheste Hilfe. Trotzdem muss die betroffene Person die Ursache der Krankheit in sich oder ihrem Umfeld finden und lösen.

Es gibt viele Möglichkeiten, um die psychische Ursache einer Krankheit zu finden. Ich möchte hier eine Technik aus der Chakren-Therapie vorstellen, die mir persönlich recht gut gefällt. Sie gibt die Möglichkeit, aufgrund der physischen Körperregion eines Problems den Ursprung im feinstofflichen Bereich zu erkennen. Ich stelle hier nur das Grundsystem vor und bitte jeden interessierten Leser, sich in der entsprechenden Literatur weiter zu informieren.

Es gibt sieben Hauptchakren und vier wichtige Nebenchakren.

Jedes dieser Chakren ist mit einem speziellen Lebensbereich und mit einer speziellen Körperregion inklusive verschiedener innerer Organe verbunden. Sie dienen in den feinstofflichen Bereichen des Körpers als Kommunikations- und Energieaufnahmezentren.

Ich beschreibe bei den Positionen der einzelnen Chakren die für die Ursprungsfindung von Krankheiten verwendeten Bereiche und nicht die reinen Chakra-Positionen.

Das Gesamte Becken

wird im allgemeinen als das Zentrum der Triebe des Menschen bezeichnet. Es hat aber außer der Selbsterhaltung und Arterhaltung auch die Aufgabe, den Menschen mit der Erde zu verbinden. Es ermöglicht die Kommunikation und Handlung mit und in der Materie. Jeder materielle Ausdruck benötigt dieses Zentrum.

Der Bauch- und Kreuzbereich

ist das Gefühlszentrum im Menschen. Es ist der Sitz der Kreativität und des spielerischen Umgangs mit Sexualität. Weiters die Fähigkeit zu Spontaneität. Es ermöglicht die Kommunikation und Handlung im Gefühlsbereich des Menschen. Jede Gefühlsregung ist Ausdruck dieses Zentrums.

Der Bereich zwischen Nabel und Brustbein rund um den Körper

ist das Machtzentrum im Menschen. Es ist der Sitz des Selbstbewusstseins und des Intellekts. Außerdem entstehen hier die Durchsetzungskraft und die Vernunft. Es ermöglicht die intellektuelle und logische Kommunikation. Jeder intellektuelle oder logische Gedanke ist Ausdruck dieses Zentrums.

Die Brust und der Obere Rücken inklusive der Schultern

sind das Zentrum der Liebe im Menschen. Es ist der Sitz der Selbstachtung und Fremdachtung. In ihm entsteht Toleranz und Mitgefühl. Es ermöglicht den liebevollen und höflichen Umgang mit allem. Immer, wenn eine Form der Verbundenheit vorhanden ist, ist das ein Ausdruck dieses Zentrums.

Der ganze Hals und die untere Kopfhälfte

sind das Zentrum der Kommunikation. Es ermöglicht den Austausch mit anderen Energiesystemen. In ihm entsteht die Fähigkeit des Ausgleiches zwischen Gegensätzen und die Übersetzung verschiedenster Kommunikations-arten. Immer wenn ein Energieaustausch stattfindet, ist dieses Zentrum dafür zuständig.

Die Stirn und der obere Hinterkopf

sind das Zentrum der Spiritualität. Es ermöglicht die Verbindung und die Kommunikation mit anderen Ebenen. Hier entsteht die Ethik, nach der ein Mensch lebt. Auch der Wunsch nach Weiterentwicklung und Transformation kommt aus diesem Zentrum. Immer wenn es darum geht, Neues zu erfahren, ist dieses Zentrum dafür zuständig.

Der Scheitel

ist das Zentrum der Verbindung zur Göttlichkeit. Es ist der Sitz der Intuition und der Verbindung zum eigenen Selbst. Hier entstehen der Glaube des Menschen und die Verbindung zur Urkraft. Immer wenn ein Mensch eine Idee oder Eingebung hat, ist dieses Zentrum aktiv.

Die Ellbogen und Oberarme

stehen für Flexibilität und Kraft in unseren Handlungen.

Die Hände und Unterarme

stehen für das Handeln und das Fingerspitzengefühl.

Die Knie und Oberschenkel
> stehen für Flexibilität und Kraft auf unserem Lebensweg.

Die Füße und Unterschenkel
> stehen für Stabilität im Leben.

Ein weiterer Aspekt in der Chakren-Therapie ist die Dualität des Körpers. Das bedeutet, dass die linke Körperhälfte aufnehmend und die rechte Körperhälfte abgebend ist. Das wird auch oft als Yin und Yang des Körpers bezeichnet.
Bei der Ursprungsfindung von Krankheiten wird diese Dualität folgendermaßen verwendet:

Die gesamte linke Körperhälfte
> bezieht sich auf die eigene Person, auf das nach innen Gerichtete. Es versinnbildlicht auch das Privatleben und die persönliche Spiritualität.

Die gesamte rechte Körperhälfte
> bezieht sich auf den Kontakt mit der Umwelt, auf das nach außen Gerichtete. Es versinnbildlicht auch den Beruf und die materielle Schöpfungskraft.

Wenn die Chakren mit der Dualität des Körpers in ihrer Aussage verbunden werden, können Erkrankungen an den verschiedensten Körperpositionen recht gut zu ihrem Ursprung zurückverfolgt werden.

Wie ist es nun möglich, die Runenkräfte zur Heilung zu aktivieren? Von der feinstofflichen Entstehung bis zum abschließenden Heilungsprozess können Runen unterstützend eingesetzt werden. Ihre Aufgabe liegt dabei in der Bewusstmachung und Lösungshilfe von Problemen und Blockaden, welche die Ursache der Krankheit sind. Durch die psychischen Analogien zu den verschiedensten körperlichen Krankheitsbildern kann ihre Ursache meist rasch ermittelt werden. Oft ist es sinnvoll, durch Gespräche oder bei sich selbst durch intensive objektive Betrachtung und Meditation die erkannte feinstoffliche Ursache noch klarer zu machen. Ist die Wurzel des Übels erkannt, liegt es an dem Runenanwender, die entsprechend richtige Rune dagegen zu wählen. Auch die Technik, wie die Rune eingesetzt wird, sollte individuell gewählt werden. In diesem Buch wurden ausreichend viele Möglichkeiten des Runeneinsatzes beschrieben, damit für jeden Fall eine entsprechend optimale Variante zur Verfügung steht.

Es soll nur noch einmal darauf hingewiesen werden, dass Menschen, die keinen besonderen Bezug zu den Runen haben, manche Techniken wie z. B. das Raunen kaum mit Erfolg einsetzen können. Einfache Praktiken wie das Imprägnieren von Wasser oder Talismanen sind sehr oft die beste Wahl. Nochmals möchte ich auf den freien Willen eines jeden Menschen hinweisen. Gerade im Fall von Gesundheit kann dieser freie Wille leicht verletzt werden. Die betroffene Person mit gut gemeinten Tipps und Heilmethoden zu überfordern ist bereits eine solche Verletzung. Oder noch schlimmer, wenn ohne ihre ausdrückliche Zustimmung an ihr magische Praktiken angewandt werden, selbst wenn sie noch so gut gemeint sind. Also Achtung! Der freie Wille einer Person darf auf gar keinen Fall verletzt werden! Im übrigen möchte ich an dieser Stelle auch erwähnen, dass sowohl Tiere als auch Pflanzen über ein gewisses Maß an freiem Willen verfügen!

In weiterer Folge ist es besonders wichtig, dass der Runenanwender der behandelten Person als Ansprechpartner zur Verfügung steht und

die Wirkung der Runen beobachtet. Gerade dieser Punkt ist besonders wichtig, da die Runen aufgrund ihrer bewusstmachenden, raschen Wirkung diverse Blockaden lockern und auch lösen können. Das kann für die betroffene Person eine zusätzliche Belastung darstellen. Gerade um solche schwierigen Phasen zu überwinden, ist es wichtig, eine Vertrauensperson zu haben, um die Aufarbeitung zu erleichtern.

Man sollte sich immer vor Augen halten, dass die hier beschriebenen Heilhilfen kein Ersatz für einen Arzt sind, sondern nur als Präventivmaßnahme oder Heilungsunterstützung dienen können.

Vorbeugemedizin

Verschiedene Bereiche des menschlichen Körpers und die durch Zuordnungstabellen erkannten psychischen Schwachstellen können durch gezielt ausgewählte Runenübungen präventiv gestärkt werden. Besonders wenn sich entsprechende Herausforderungen in naher Zukunft abzeichnen.

Durch die gehobene Körperenergie und die gestärkten Bereiche können die Angriffsflächen für viele Lebensprüfungen stark vermindert werden. Ich empfehle daher, sich einige passende Runen auszuwählen und aus den entsprechenden Runenstellungen eine individuelle Übung als Morgengymnastik zu erstellen. Wie lange dieselbe Sequenz beibehalten wird oder wann die Übung mit anderen Runen zusammengestellt wird, liegt allein im Ermessen des Anwenders. Selbst wenn dafür täglich nur zwei bis drei Minuten aufgewendet werden, wird der Erfolg nicht lange auf sich warten lassen. Ebenso können hierbei auch Elemente aus dem Kapitel "Wunschverwirklichung" mit einfließen. Hier ist die eigene Kreativität gefragt!

Runen-Phantasiereisen

Als Abschluss möchte ich noch eine kleine Anregung geben, wie Sie die Runen sehr schnell erlernen und erfahren können. Verwendet werden sogenannte Phantasiereisen. Das sind Meditationen, bei denen unter tiefer Entspannung eine Geschichte durchlebt wird. Gut ist es, so eine Phantasiereise auf Tonband aufzunehmen und sie dann als Meditation anzuhorchen. Als Beispiel und Anregung veröffentliche ich hier eine. Gleich wie bei der Runenbedeutung sind solche Phantasiereisen etwas sehr Individuelles und sollten von jedem selber erschaffen werden. Während des Ausarbeitens lernt man sehr viel über die einzelnen Runen und die dazugehörigen Bilder.

Runen-Phantasiereise Ansuz

Nimm während der Meditation einen Runenstein mit der entsprechenden Rune in die Hand.

Lege oder setze dich bequem hin. Such dir eine Position, in der du dich wirklich entspannen kannst. Beginne damit, deinen Körper bewusst wahrzunehmen. Erspüre ihn und erforsche ihn. Atme ruhig und gleichmäßig ein und aus. Versuche jetzt, deinen Körper zu entspannen. Lasse ihn fallen.

Richte jetzt deine Aufmerksamkeit auf deine Gefühle. Erforsche auch sie, ohne an ihnen zu haften. Beruhige sie und lasse sie los. Du kannst deinen Atem verwenden, um sie aufzulösen, indem du die unerwünschten Gefühle beim Ausatmen mit ausatmest.

Als nächstes richte deine Aufmerksamkeit auf deine Gedanken. Gib ihnen den Platz und die Aufmerksamkeit, die sie benötigen. Verdränge sie nicht, sondern beobachte sie und lasse sie ziehen. Denke keinen der Gedanken weiter, sondern versuche sie neutral zu beobachten.

Stiller und stiller wird es in deiner Gedankenwelt und du gleitest in einen Zustand der tiefen Entspannung.

Du befindest dich auf einer grünen, sanft hügeligen Wiese irgendwo in Schottland. Ringsum ist nichts anderes zu sehen außer dem frucht-baren Grün der Natur – unterbrochen durch kniehohe Mauern aus lose übereinandergestapelten Steinen. Das Gras hier ist recht kurz aber etwas steifer, sodass der Boden beim Darüberlaufen leicht nachgibt und ein angenehmes, wolkiges Gefühl in den Füßen hinterlässt. Ein sanfter, lauwarmer Wind umstreicht zärtlich deinen Körper und spielt mit deinem Haar. Durch den feinen, allgegenwärtigen Wind fühlst du dich in dieser malerischen Landschaft so leicht, als könntest du über den Grashalmen schweben. Der Wind ist es auch, der den fruchtigen Geruch an deine Nase und das feine Rauschen der Gräser an deine Ohren trägt. Während du dich so spielerisch durch das Gras bewegst und die kleinen, hellen Wolken am Himmel beobachtest, bemerkst du einen Raben. Er zieht über dir einige Kreise und dann flattert er fort, als ob er dir etwas zeigen wollte. Du weißt, dass es hier in der Nähe eine hohe Steilküste gibt. Genau in diese Richtung ist der Rabe ver-schwunden. Neben einer der niedrigen Steinmauern ist das Gras schon etwas ausgetreten. Es ist ein kleiner Pfad, der der Mauer entlang zur Steilküste führt. Du entschließt dich, diesem Pfad zu folgen. Während du so dahin schlenderst und auf das sanfte Pfeifen des Windes lauschst, erkennst du langsam in der Ferne ein paar Büsche und Sträucher, die, wie du weißt, den Rand der Steilküste säumen. Es ist also nicht mehr weit. Die Steinmauer neben dir wird rasch niedriger und

endet ein Stück vor dem Buschgürtel. Zwischen einer Sträuchergruppe nimmst du plötzlich eine Bewegung wahr, die sofort deine Neugier weckt. Du lenkst deine Schritte auf diese Stelle zu. Als du bei den Büschen angekommen bist, bemerkst du, dass diese einen Pfad verbergen, der entlang der Steilküste nach unten führt. Der Steig ist schmal, aber an der abfallenden Seite um einiges höher. Als ob ein Felsengeländer ihn säume, sodass du keine Angst hast, ihm nach unten zu folgen. Deine Schritte sind hier etwas lauter zu hören und der Wind klingt viel heulender als oben auf der Wiese. Während du dich von dem sachte abfallenden Steig leiten lässt, genießt du die Aussicht und suchst gleichzeitig nach einer Spur des Rabens.

Der Felsensteig mündet auf einem zimmergroßen, glatten Felsvorsprung. Eine in weite Gewänder gekleidete Gestalt steht dort am Rand des Abhanges und betrachtet die Wolken. Der Wind spielt mit ihrer weiten Bekleidung ein imposantes Spiel. Dort auf ihrer Schulter sitzt auch der Rabe, der dich hierher geführt hat.

Als Du näher kommst, erkennst du, dass sich hinter der Gestalt ein bärtiger Mann verbirgt, der eine kleine Harfe unter seinen Arm geklemmt hält. Gerade als du den Felsvorsprung betrittst, wendet sich der Mann zu dir und begrüßt dich mit seiner tiefen, angenehmen Stimme:

"Sei gegrüßt, hier am Plateau des Windes der Intuition."

Ohne eine Antwort abzuwarten setzt er sich hin und beginnt ein langsames, wohlklingendes Lied auf seiner Harfe anzustimmen und dazu zu singen. Du setzt dich ebenfalls hin und lauschst entspannt den Klängen der Saiten und seinem ruhigen Gesang.

Du hast nun die Möglichkeit, in deinen Gedanken mit dem Wind zu sprechen, und ihm Fragen zu stellen. Du weißt, dass du im Lied des Barden die Antworten hören kannst.

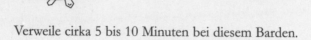

Verweile cirka 5 bis 10 Minuten bei diesem Barden.

Dein Blick trifft den des Barden und du erkennst, dass er bald bei den letzten Strophen angelangt ist. So wie das Lied zu Ende geht, ist auch für dich die Zeit gekommen, den Barden zu verlassen. Während der Barde mit einer Hand die letzten Klänge spielt, wirft er dir mit der anderen einen münzgroßen, gravierten Kieselstein zu. Du fängst den Stein mühelos auf und als du dich fragenden Blickes zum Barden wendest, meint er: "Behalte dies als Erinnerung. Nimm deine Erfahrungen mit in deine Welt und sei dir gewiss, dass du hier immer willkommen bist." Den Kieselstein fest in deiner Hand, verabschiedest du dich von dem Mann und machst dich langsam auf den Rückweg. Während du den Felsenpfad hinaufwanderst, kannst du noch ein paar Harfenklänge und undeutliche Abschiedsverse hinter dir vernehmen. Der Aufstieg bereitet dir keine Schwierigkeiten, denn wieder bist du mit deinen Gedanken bei dem Wind und lauschst, ob er dir noch etwas mitteilen will. Nach einiger Zeit schlüpfst du wieder durch die Sträucher auf die Wiese. Hoch am Himmel, wo die Wolken wieder neue Formen bilden, kannst du den Raben erkennen, der weite Kreise zieht. Geradewegs steuerst du auf die kleine Steinmauer zu und folgst dem kleinen Trampelpfad zurück zu deinem Ausgangspunkt. Die Sonne ist inzwischen etwas tiefer gesunken und die niedrige Steinmauer wirft einen langen Schatten genau auf den schmalen Grasstreifen, auf dem du wanderst. Nach kurzer Zeit erreichst du deinen Ausgangspunkt, wo du noch einmal kurz innehältst, dich an die Mauer lehnst und den lauen Wind geniest.

Komm nun langsam in dein Tagesbewusstsein zurück und betrachte den Stein in deiner Hand.